KB218388

길 잃은 별들과
함께한 수업

길 잃은 별들과 함께한 수업

지은이 | 김서은
초판 발행 | 2025. 4. 23
등록번호 | 제1988-000080호
등록된 곳 | 서울특별시 용산구 서빙고로 65길 38
발행처 | 사단법인 두란노서원
영업부 | 2078-3333   FAX | 080-749-3705
출판부 | 2078-3331

책값은 뒤표지에 있습니다.
ISBN 978-89-531-5091-1 03230

독자의 의견을 기다립니다.
tpress@duranno.com www.duranno.com

* 이 책에 등장하는 아이들의 이름은 모두 가명입니다.
   아이들의 말과 글은 필요에 맞게 약간 다듬었습니다.

두란노서원은 바울 사도가 3차 전도여행 때 에베소에서 성령 받은 제자들을 따로 세워 하나님의 말씀으로
양육하던 장소입니다. 사도행전 19장 8-20절의 정신에 따라 첫째 목회자를 돕는 사역과 평신도를 훈련시키
는 사역, 둘째 세계선교(TIM)와 문서선교(단행본·잡지) 사역, 셋째 예수문화 및 경배와 찬양 사역, 그리고 가정·상
담 사역 등을 감당하고 있습니다. 1980년 12월 22일에 창립된 두란노서원은 주님 오실 때까지 이 사역들을
계속할 것입니다.

길 잃은 별들과
함께한 수업

위기청소년이 만난 희망의 인문학

김서은 지음

두란노

목차

1부

바보가 되기로 했다

거짓말쟁이의 말을 믿는

2부

희망으로 가는 길

만난 적 없는

3부

잘 살았으면 좋겠는걸

서문

어둠이 깊어질수록 별은 빛납니다. 가령 그것이 희미한 빛일지라도 어두운 밤에 길을 잃은 이들에게는 위로가 됩니다. 그렇듯 우리는 각자의 삶 속에서 절망의 한가운데 놓였을 때 오히려 희망의 불씨를 발견할 수 있습니다. 저는 소년 재판을 받고 보호 시설에 머무는 여자아이들과 함께 인문학 수업을 하며, 그들이 품고 있는 작은 빛을 보았습니다. 이 책은 그 빛을 따라 걸어간 기록이자, 희망의 이야기입니다.

이 아이들은 세상의 어두운 면을 너무 일찍 마주했습니다. 마땅히 받아야 할 보호를 받지 못했고, 기본적인 의식주조차 해결해 주지 않는 어른들의 폭력과 방치로 인해 아이들은 우리 사회의 가장 어두운 곳으로 내몰려 음지에서 스스로 살아남아야 했습니다. 어떤 아이는 가정에서, 어떤 아이는 거리에서 상처 받으며 차가운 현실을 깨달았습니다. 너무 일찍 어른이 되어 버린 아이들, 어른을 믿지 않는 아이들, 그리고 그럼에도 불구하고 어떻게든 살아남으려 애쓰는 아이들. 저는 그들의 이야기를 들었습니다.

저는 이 수업을 통해 무엇을 가르치려 하지 않았습니다. 대신 함께 이야기를 나누고, 귀 기울였습니다. 가끔은 망설이면서, 가끔은 반항하듯 내뱉는 말들 속에는 그들의 진심이 담겨 있었습니다. 처음엔 저를 시험하듯 날을 세우던 눈빛이 점차 조심스럽게 흔들리기 시작했고, 상처 받고 부서진 마음과 삶을 향한 질문, 세상에 대한 원망을 풀어놓았습니다. 인문학은 그렇게 작은 틈을 만들었고 아이들은 책 속의 한 단어 한 문장 속에서 자신을 되돌아보았습니다. 그리고 아주 조금씩, 그러나 분명하게 변화하기 시작했습니다. 말하는 동안 아이들이 스스로를 치유했던 것입니다.

그 변화는 한순간의 기적이 아닙니다. 지금 이곳에서 우리와 함께 살아 숨 쉬고 있는 작은 희망의 불씨를 찾아내는 것입니다. 누군가의 이야기에 귀 기울이는 순간, 한 사람을 따뜻한 시선으로 바라보는 순간, 우리 안에 이미 존재하고 있던 희망은 모습을 드러내고 작은 변화가 모여 삶을 바꾸어 놓습니다.

이 책을 집어 든 당신께도 희망이 전해지길 바랍니다. 세상은 때때로 잔인하고, 그래서 오직 살아남기 위해 사느라 수고한 당신께 작은 희망의 빛을 전달하고 싶습니다. 본래 당신 것이었지만 살다 보니 잊을 뻔했던 그 작은 빛을 말입니다.

책이 나오기까지 많은 분의 사랑과 응원이 있었습니다. 우선 추천사를 써 주신 분들이 계십니다. 일본 문학의 재미를 일깨워주신 김응교 교수님, 제가 20대 초반일 때 담임목사님이셨던 김형국 목사님, 인문학적 사유의 폭을 넓혀 주시는 여인석 지도교수님, 희망의 인문학 캠프 단골 강사이신 주원규 소설가님, 소년들의 좋은 어른 천종호 판사님께 고개 숙여 인사드립니다.

로고스서원은 이 책의 시작입니다. '위기청소년을 위한 희망의 인문학'이라는 이름으로 귀한 사역을 하고 계신 로고스서원 대표 김기현 목사님께도 존경과 감사를 보냅니다.

원고의 가치를 알아봐 주고 끝까지 세심하게 함께해 준 두란노서원 출판사에 감사드립니다.

처음부터 끝까지 원고를 읽고 격려해 준 엄마 이선숙, 늘 곁에서 멘토가 되어준 오빠 김희림에게도 항상 고맙다는 말을 전하고 싶습니다. 그리고 무엇보다, 자신의 이야기를 용기 내어 들려준 아이들에게 깊은 감사를 전합니다. 그들의 별빛 같은 이야기가 이 책을 통해 더 많은 이들에게 닿기를 바라며.

2025년,

김서은

추천사

이 책은 누구나 아는 고전에 대한 해설서가 아니다. 일방적인 강의록이 아니라, 대화록이다. 범죄를 저질러 재판받은 비행청소년과 함께 책을 읽고 그 아픔과 치유를 기록한 보고문학이다. 윤동주와 기형도의 시를 읽으며, 이미 떠난 어머니를 그리워하는 아이들. 이들의 대화 안에 상실의 어둠 속에서 진주를 품어 낸 문장들이 빛난다. 패배한 과거를 극복하고 현재를 다짐하는 겸박한 문장들은 잔잔한 울림을 준다. 이 책은 교도소 수감자, 성매매 피해자, 노숙인 등 낮은 자와 함께하는 공부는 물론, 우리의 교육이 어떠해야 하는지 성찰하게 한다. 십수 년 전 서생의 강의를 듣던 초등학교 6학년생이 귀한 저자로 오롯이 실존하며, 이만치 놀라운 책을 쓰다니, 경탄하며 필독서로 권한다.

김응교 시인, 문학평론가, 숙명여대 기초교양대학 교수

저자의 서문을 읽어 보라. 그러면 이 책을 사서 읽고 싶을 것이다. 저자의 서문 앞에 무슨 추천사가 필요하겠냐 싶지만, 현 시대의 아이들을 이해하고 싶다면, 우리 곁에도 있는 이 아이의 모습을 마주하고 싶다면, 그리고 무엇보다 그 속에서 빛나는 '희망의 불씨'를 발견하기 원한다면, 이 책은 당신을 위한 이야기다. 서른 개의 이야기를 읽어 내려가면서 이 세상이 얼마나 아픈지, 그래서 어떻게든 옳은 방향으로 살아가려는 어른이 얼마나 소중한지 알게 될 것이다. "우는 자들과 함께 울"(롬 12:15)어 주는 저자는 진짜 어른이다. "별빛 같은 이야기"가 가득한 이 책을 추천한다.

김형국 목사, 하나복DNA네트워크 대표

이 책은 아픈 청소년들의 이야기이다. 저자는 위기청소년들과 함께 책을 읽으며 일어나는 변화와 치유의 과정을 생생한 육성으로 전해 준다. 어떤 이는 책 몇 권을 읽고 독후감을 쓴다고 사람의 아픔이 치유되겠냐고 회의적으로 묻는다. 저자는 인문학 수업에서 겪은 이야기를 통해 "효과가 있다"고 분명히 답한다. 이 책의 독자라면 이 단호한 긍정에 기꺼이 수긍할 것이다. 저자는 오늘날과 같이 세속 가치가 지배하는 사회에서야말로 인문학이 필요하다고 말한다.

인문학은 특별한 게 아니다. 인문학은 나의 삶과 경험을 다른 이들의 삶과 다양한 경험에 비추어 보고, 공감하고 때로는 반성하는 활동이다. 그런 의미에서 인문학은 삶에 대한 공부이자 실천이다. 우리는 모두 남모르는 크고 작은 아픔을 어딘가에 감추고 살아가는 존재이다. 남들보다 더 아팠을, 그래서 어쩌면 남을 아프게 했을 아이들이 치유되는 이야기를 통해, 이 책의 주인공인 아이들이 경험했듯이, 우리도 각자의 아픔을 돌아보고 치유되리라고 확신한다.

여인석 연세대학교 의과대학 인문사회의학교실 교수

위기는 말 그대로 위기입니다. 긴장과 두려움, 시급한 치유가 우선 되어야
할 개념이죠. 거기에 청소년이란 이름까지 붙으면 점입가경입니다. 오늘
의 우리 사회, 우리 기독교가 심각한 현실을 있는 그대로 바라봐 주길 원하
는 엄혹한 요청인 것입니다.

저자 김서은은 희망을 결코 쉽게 생각하지 않습니다. 인문학 역시 유행
에 따른 상투적 어법으로 다루지 않습니다. 저자는 그야말로 칼끝 위에 선
이 땅의 위기청소년, 그들의 말과 생각을 있는 그대로 들으려 애씁니다.
그 친구들이 품은 내면의 아픔과 고민을 실질적 공감의 마음으로 한 자 한
자, 힘겹게 옮겨 놓았습니다. 모쪼록 이 책을 통해 인문학이 진정 희망일
수밖에 없는 이유가 재확인되는 계기가 마련되길 바랍니다.

주원규 소설가, 시나리오 작가, 동서말씀교회 담임목사

청소년회복지원시설은 '비행청소년 전용 공동생활가정(그룹홈)'으로, 법원
소년부에서 1호 처분을 받은 아이들이 6개월간 생활하는 곳이다. 청소년
회복지원시설에서 생활하는 아이들을 위한 프로그램인 '위기청소년을 위
한 희망의 인문학'은 약 11년 전 로고스서원의 김기현 목사님에 의해 첫
걸음을 내디뎠다. 현재는 전국의 16개의 청소년회복지원시설을 대상으
로 8명의 강사들이 인문학 수업을 진행하고 있다. 희망의 인문학 수업 선
생님이 아니기에 수업이 어떻게 진행되는지 늘 궁금했는데, 이 책을 통하

여 희망의 인문학 수업이 어떻게 진행되는지, 수업 진행에 있어 위기청소년의 선생님이 가진 고충이 무엇인지를 잘 알게 되었다. 저자를 비롯한 선생님들에게 갚을 수 없는 사랑의 빚을 지고 있음을 알려 드린다.

이 책을 읽기 전, 위기청소년들이 비행에 이르게 된 경위와 동기를 좀 더 깊이 알게 되지 않을까 하는 기대를 가졌다. 하지만 책을 다 읽고 나서도 그 기대는 충족되지 않았다. 왜냐하면 저자는 위기청소년이라는 편견을 가지지 않고 아이들과 인문학 수업을 진행하고 있기 때문이다. 이는 인문학 수업을 이용하여 아이들의 비행 경위와 동기를 캐묻고, 비행에 대한 그들의 반성 정도가 얼마인지를 묻는 것은 인문학 수업의 순수성을 해치는 것으로 저자는 생각하고 있기 때문이라고 판단된다. 그러므로 이 책을 읽고자 마음먹는 분들도 다른 시선으로 이 책을 읽어 주기를 바란다.

이 책에는 책을 매개로 선생님과 학생들의 수많은 대화가 기록되어 있고, 언니와 여동생 사이에 진솔한 삶의 이야기가 펼쳐져 있다. 아이들은 매주 진행되는 희망의 인문학 수업을 통해 자신과 가족과 친구를 되돌아본다. 저자는 이러한 과정을 통해 아이들이 건강한 사회구성원으로 자라가기를 소망한다. 이러한 저자의 소망은 김기현 목사님의 소망이기도 할 것이다. 나도 동일한 소망을 안고 인문학 수업을 응원한다. 많은 분들이 이 책을 읽게 되기를 간절히 기도한다.

천종호 부산지방법원 부장판사

1부

거짓말쟁이의 말을 믿는

바보가 되기로 했다

수업을
시작하며

"서은아, 여기 떠나도, 나중에 커서도 우리 학교 애들 잊지 말아 줘라. 안된 애들이다. 꼭 좀 부탁한다. 여기 애들을 기억해 줘라."

중학교 졸업식 날, 교장 선생님께 학업우수상 상장을 받고 단상을 내려오는 그 길에서, 우리 중학교 출신 교무부장 선생님이, 내 팔을 붙잡고 말씀하셨다. 그 말이 내 몸 깊숙이 박혔다. 무용과 생활 체육을 가르치던 선생님은, 모교인 이 학교에서 교장이 되는 것을 목표로 하고 계셨다. 교무부장으로 계시는 동안에도 우리를 위해 늘 목소리를 내주셨다.

청소년회복지원시설(이하 센터)에서 인문학 수업을 할 기회가 주어졌을 때, 처음 든 생각은 '내가 잘할 수 있을까'였다. 인문학 수업 자체는 자신 있었다. 사람들을 모아 놓고 진행자 노릇을 하는 건 편안하다. 그러나 문제는 그게 아니었다.

센터에 있는 아이들은 소위 비행 청소년이라 불리는 이들 중에서도 십 대의 치기 어린 반항이나 일탈이라고 눈감아 줄 정도를 넘어선, 실제로 범죄를 저질러 재판을 받은 아이들이다. 그들과 삶의 가치와 이유를 논하고, 책을 통해 그들 삶의 여러 아픔과 상처들을 알게 되고 그 해결의 실마리를 풀어 나가는 일은 매우 의미 있는 일이다. 그러나 이건 봉사를 위해 연탄을 나르거나 도시락을 배달하는 일이 아니다. 사람을 대하는 일이다. 그리고 인문학 수업은 때로 아주 솔직할 것을 요구받고, 아주 평등한 '인간 대 인간'으로 삶을 주고받아야 한다. 나에게 그들의 삶의 무게를 견딜 힘이 있을까. 끝까지 책임지지 못한다면 시작하지 않는 게 좋지 않을까.

삶의 무게 같은 거창한 이야기는 고사하더라도 그 아이들을 데리고 한 시간 동안 수업을 이끌어 갈 재주가 나에게 있을까. 불성실하게 수업에 임하며 나를 위협하는 불량배들의 모습을 상상하고 말았다.

기도로 내 마음을 돌아보던 그때, 초등학교, 중학교 시절 같은 반 애들이 생각났다. 중학교 1학년이 되자, 겨울방학에 무슨 일들이 있었는지 애들이 담배를 배워 왔다. 초등학교 혹은 유치원 때부터 알고 지내던, 같이 소꿉놀이도 하고 색연필을 나눠 쓰며 숙제도 하고 우리 집에도 놀러 오던 애들이 순식간에 '노는' 애들이 되었다. 초등학교 5학년 때부터 슬슬 거리감이 느껴지다가 교복을 입은 이후에는 돌이킬 수 없는 거리가 생겼다. 나와 그들의 접점이라고는, 고작 화장실이었다. 그 애들이 화장실에서 나무젓가락으로 담배를 들고 피고 있으면 나는 적당히 눈치를 보다가 분위기가 나쁘지 않으면 숨을 참고 들어가곤 했다. 애들은 나를 슬쩍 쳐다보고 내버려뒀다. 나는 왜 담배를 젓가락으로 들고 필까 궁금했는데 나중에 들어보니 그렇게 하면 손가락에 냄새가 안 밴다고 했다. 화장실이 거대한 파우더룸이 되어 고데기에 각종 화장품과 화장솜들이 나뒹굴고 있으면 손 씻지 말고 그냥 손 세정제로 닦을까, 고민하다가 애들 사이로 조심스레 비집고 들어가서 손을 씻었다. 물론 그 애들 사이의 분위기가 심각하지 않았을 때 한해서다. 어떨 때는 화장실 앞에 한 명이 보초를 서고 있었다.

"딴 데 가라."

입구 쪽에 비스듬히 기대서서 눈도 마주치지 않고 건성으로 말하면 그 안쪽에서 무언가 일이 벌어지고 있다는 뜻이었다.

짬짬이 진지한 이야기를 나눈 친구들도 있다.

"니는 공부가 재밌나? 그렇게 살면 안 답답하나?"

나는 내가 모범생으로 살 수밖에 없는 이유와 목사 딸의 삶을 이야기했고 그 친구도 툭툭 자기 이야기를 했다. 대화는 대부분 쉬는 시간 10분을 넘기지 않았고, 대화가 끝난 후 나는 다시 노트를 펼쳐 자와 형광펜으로 요점 정리를 하기 시작했다. 그 친구는 수업 시작을 알리는 종소리와 동시에 엎드려서 잠들었다.

내가 나온 중학교는 '부산에서 가장 공부 못하는 학교'였다. 그 말인즉슨 가장 가난한 동네였다는 뜻이다. 입학하자마자 학생주임 선생님은, "너희들은 제일 공부 못하고 제일 싸움 잘하는 학교에 들어왔다"라고 말했다. 그리고 우리 선배가 수학여행을 갔을 때, 서울 일진들이랑 싸움이 붙었는데 이겼다는 에피소드를 풀어놓으셨다. 사투리를 쓰면 더 세 보인다고. 그런 분위기에서 나는 어떻게 살아남을지 노선을 제대로 정해야 했다. 시장 한복판에 있는 상가 2층의 작은 교회 담임 목사 딸로서 내정체성을 가져야 했다. 누구랑 친구로 지내고, 정글 같은 이 학교에서 어떻게 살아남을 것인가.

옆에서 스타킹 찢고 필통 대신 예쁜 담배 케이스를 책상 위에 올려놓고 거친 욕과 농담이 난무하는 와중에 집중해서 공부하는 것도 쉽지 않고, 또 잊을 만하면 한 번씩 공부나 바른 생활을 방해해 보고 싶어 하는 애들도 있었다. 나도 막 초등학교 졸업한 아직 어린 상태에서 마음과 태도의 중심을 잘 잡기 위해 애썼고 무사히(?) 졸업했다. 일차적으로는 부모님이 속상해할 일을 만들고 싶지 않았다. 그 작은 교회를 지탱하느라 무거워진 어깨가 나의 바른 생활과 우수한 성적으로 가벼워지길 바랐다. 하지만 솔직히 그때의 나에게 부모님을 사랑하는 마음은 부담이기도 해서 늘 교회와 부모님 집을 뛰쳐나가고 싶었다. 그래서 그때 나의 진심이라고 하면, 하나님이 슬퍼하시지 않도록 내 몫을 다하겠다는 것이었다. 공부를 열심히 했고 생활에도 중심을 잡고 구석에서 마음 맞는 친구들과 만화 보면서 놀았다.

그리고 나는 일본 만화를 보며 일본어를 더 공부하고 싶었던 열망과 부모님으로부터 도망가고 싶었던 그 소망 그대로, 다른 동네에 있는 기숙형 외고 일본어과에 들어갔고 서울 소재 대학에 입학하여 일본어문학을 전공하며 초중등 시절과는 멀어지는 듯 보였다.

스무 살 5월, 초중학교 때 가장 친했던 친구가 고단한 하루를 보내고 전화를 했다. 내가 대학에서 새로 사귄 친구들과 치킨 먹으러 가려고 준비하고 있었을 때였다. 그 친구는 내게 말했다.

"넌 대학생 다 됐구나. 서울에서 대학도 다니고 사람들이랑 치킨도 먹고. 나는 퇴근하고 나와서 새우깡 먹을지 꿀꽈배기 먹을지 고민하는 것도 사치다. 비싸서 100원이라도 아끼려고. 근데 난 니가 대학 잘 갈 줄 알았다. 똑똑하고 착한 니가 세상 함 바꿔 봐라. 나 서면에 타투샵에서 일하는데 타투할 일 있으면 와. 잘해 줄게."

초등학교 5학년 때부터 중학교 3년 내내 친했던 친구다. 나와 그 애는 같이 만화를 보며 놀았다. 같은 걸 보면서도 나는 일본어를, 그 친구는 그림 그리는 걸 좋아했다. 그러다가 나는 외고에, 그 친구는 애니고에 진학했다. 각자 좋아하는 걸 좇았지만 친구가 애니고등학교에 간 또 다른 이유는 학비도 안 들면서 취업이 잘되기 때문이었다. 친구는 초등학교 때부터 네 가족이 복층 원룸에서 지내며 겪은 지독한 가난과 아버지에 대한 원망, 동시에 동생과 가족에 대한 막중한 책임감을 느끼고 있었다.

그 한 번의 전화 이후로 친구와는 연락이 되지 않았다. 나와 친구는 스무 살이 되어서는 완전히 다른 세상을 살고 있었다. 시대의 변화는 누구에게나 동일한 시점에 오지 않는다. 중세가 지나면 근대가 오고, 근대가 가면 현대가 오고, 이런 건 의미가 없다는 것이다. 대학가에, 내가 읽는 책들에 어떤 최신 담론이 나오든 간에 내 친구들이 사는 삶은 때로 50년 전에나 있었을 것 같다. 살림 밑천 장녀로서 가장의 역할을 해내고, 또 누군가는 열아홉에 애를 낳고 혼자 일 다니면서 원룸에서 애를 키우는 삶이다. 사람이 17세가 되면 고등학교에 가고, 20세가 되면 대학에 가고, 취업을 준비하는 시대는 모두에게 오지 않았다.

교무부장 선생님의 당부, 어린 시절 나의 최소한의 진심, 친한 친구와의 통화는 나를 센터에서 수업을 하는 쪽으로 기울게 했다. 그리고 결정적으로 고등학교 때 로고스서원을 통해 만난 천종호 판사님을 떠올리며 수업을 맡기로 다짐했다. 당시 로고 스서원에서 토요일마다 인문학 수업을 듣던 나는 어느 날 그 유명한 '호통 판사'인 천종호 판사님이 오신다는 말을 듣고 행사에 참가했다. 그곳에서 당시 내 또래이던 센터 아이들과 판사님을 처음 만났다. 판사님은 영상에서 호통치던 모습처럼 엄한 면이 있으셨지만 진심으로 아이들을 아끼고 위한다는 것이 느껴졌다. 마치 아이들의 아버지처럼, 더 이상 엇나가지 않도록 꾸중하면서도 애정과 관심으로 토닥이셨다. 그리고 행사가 끝나고 뒷정리를 할 때, 간식으로 남은 만두를 나에게 챙겨 주시면서, "공부하느라 힘들 텐데 가져가서 먹어라"고 하셨다. 나는 건네받은 만두의 온기와 함께 판사님이 진정으로 주변의 약하고 어린 이들을 돌보시는 따스한 분이라고 느꼈다. 그리고 언젠가 내가 어른이 되었을 때, 그 같은 마음씨를 지니고 싶다고 다짐했었다.

이웃을 외면하면 안 된다. 우리는 서로에게 친절해야 한다. 나는 센터 아이들이 처한 환경과 같은 곳에서 학교를 다녔고, 애들은 내 바로 옆자리에서 때로는 수업과 공부를 방해했고, 때로는 무서워서 화장실 가는 것도 조심스럽게 만들었고, 때로는 말없이 학교에서 사라졌다. 그건 떼려야 뗄 수 없는 내 중학교 시절 기억이다. 그리고 십여 년이 지난 지금, 시대의 흐름과 무관하게 같은 일들이 일어난다. '범죄', '재판'과 같은 말들은 '그들'과 '우리'를 구분하라 하지만, 예수님이 하신 말처럼 우리는 모두 하나님의 자녀다. 나는 인문학이라는, 역사와 철학, 시와 소설이 다루고 있는, 그리고 모든 '우리'가 겪는 삶과 죽음, 상실과 아픔, 고통과 치유의 문제로 나와 아이들 사이의 말문을 열어 보기로 했다.

센터 아이들과 인문학 수업을 시작하면서, 그 결과를 앞당겨 예상하며 섣불리 좌절하거나 어설프게 꿈에 부푸는 것은 아직 이르다. 다만 내 어린 시절과 센터 아이들의 현재가 교차하는 지점에서, 내가 청소년이었을 때 어른들이 '우리'에 대해 가지던 애정과 내가 센터 아이들에 대해 가지던 애정이 맞닿는 지점에서, 내가 하나님 앞에서 했던 약속을 기억하고 지키고 싶었다. 그리고 그곳에는 희망이 있다고 나는 믿는다.

사랑받기를
포기하면 편해요

"사랑받기를 포기하면 실망할 일이 없어서, 오히려 마음이 더 편해요."

아이들의 이야기를 듣다 보면 쓸쓸하다. 갖지 못하는 것을 갖기 위해 생떼를 부리느니 포기하는 것을 선택한 사람의 초연함을 '철이 들었다'라고 말하기에는 아이들의 눈빛이 슬프다. 체념이 일상이 되고 또 인격이 되기까지 많은 일이 있었을 테다. 아이라면 마땅히 받아야 할 사랑이 자신의 몫은 아님을 알아채고 받아들인 그 가슴에는, 그들의 굴곡진 인생만큼 깊은 원망과 상처가 있다.

"저는요, 초등학교 6학년 때 동생과 싸웠는데 아빠가 시끄럽다고 신고 있던 슬리퍼로 얼굴을 열 몇 번을 때렸어요. 멍이 너무 심하게 들어서 학교도 못 갔었어요. 근데 저는 사랑받기를 포기하진 않았어요. 오히려 엄마랑 아빠가 저 버릴까 봐 무서워요. 저는 아빠가 좋거든요. 저를 더 사랑해 줬으면 좋겠어요."

오늘 수업하는 책은 《이런 아빠 저런 아빠 우리 아빠》(최형미, 크레용하우스)이다. 센터에는 현재 윤지와 설아 두 명이 생활하고 있어서, 1시간이라는 한정된 수업 시간 동안 한 명 한 명이 깊이 있는 이야기를 할 수 있다. 책 내용을 요약하고 생각을 말하는 것을 넘어서 책에 비추어 아이들 각자의 삶 이야기를 듣고 함께 나눌 수 있는 시간이 허락되는 것이다. 윤지, 설아 둘 다 수업에 협조적이고 자기 이야기를 하는 것에 거리낌이 없어서 요즘은 각자의 인생을 책의 내용에 비추어 가며 대화를 나누는 형식으로 수업이 진행되고 있다. 오늘은 읽고 독후감 써 온 책이 '아빠'에 관한 것이니만큼 아빠에 대한 기억이 대화의 주제가 되었다. 설아는 사랑받기를 포기했다고 했고, 윤지는 어릴 적 자신에게 폭력을 휘두른 아빠이지만 계속 더 사랑받고 싶다고 말했다.

인문학 수업은 독해 능력과 글쓰기 실력을 향상하려는 목적도 있지만, 책을 통해 삶을 바꾸는 게 궁극적인 목적이다. 이루어지기 매우 힘든 목표이기 때문에 '궁극적' 목적이라고 할 수 있다. 우선 재판받은 아이들은 대부분 가정 환경이 편안하지 않다. 센터 아이들 전부가 가정에서 제대로 된 보살핌을 받지 못했다고 말해도 과언이 아니다. 설아와 윤지가 말한 무관심과 폭력은 일상에 가깝고 특히 여자아이들의 경우 가족이나 가까운 지인에게 성폭행당한 경우도 부지기수다. 지옥 같은 가정으로부터 도망치다가 비행의 길로 들어가고, 나쁜 길로 빠지게 되는 것이다.

아이들의 삶 속에 희망의 씨앗을 뿌리고 그 씨앗이 언젠가 열매 맺을 것을 기도하며 수업에 임한다. 그러나 아이들이 6개월 뒤면 돌아가야 하는 집은 여전히 그대로다. 문제의 원인이자 삶의 터전인 가정이 바뀌고, 아이들을 보살피지 않는다면 변화는 쉽지 않은 것이 현실이다. 퇴소해서 집으로 돌아가고 얼마 되지 않아 희망의 씨앗 운운하는 나의 노력은 단숨에 물거품이 될 뿐더러 아이들과 6개월간 24시간 함께하며 돌봐 주었던 센터장님과 선생님들의 노력마저 휘발되기 십상이다. 그래서 '아빠'를 주제로 한 오늘 수업에서는 설아와 윤지의 말이 더욱 무겁게 느껴진다.

설아는 기억에 남는 문장으로 다음을 꼽았다.

"내 말 때문에 아파야 하는 건 아빠인데 말을 할 때마다 내가 더 아팠다."

"설아는 왜 이 문장이 가장 기억에 남아?

나의 질문에 설아는 한쪽 팔꿈치를 책상에 올리고 주먹으로 턱을 괴었다. 3초 남짓한 시간이 지나고 입을 열었다.

"상처 주려고 나쁜 말을 하면 속이 시원한 게 아니라 오히려 더 아파요."

이제껏 살면서 하고 싶은 말을 참아 본 적이 없다는 설아는 언제나 크고 분명한 목소리로 자신의 의견을 말한다. 인상이 너무 세 보일까 봐 걱정이라고 말할 정도다. 그렇게 할 말을 다 하는 것이 상쾌하기는커녕 아프기만 했다니. 설아의 강한 자기주장은 신경질이 아니라 절규였을까.

"상처를 주려고 했는데 오히려 받았구나. 왜 그런지 혹시 생각해 본 적 있어? 괜찮으면 말해 볼래?"

"아무리 소리를 지르고 화를 내도 관심 없으니까요. 처음엔 '이렇게 하면 관심 주겠지? 내가 이렇게 비행을 저지르고 돌아다니면 나한테 말도 걸어 주고 하겠지?' 했는데 아무 반응 없거든요. 그게 계속 반복되다 보니까 비참한 기분이 들더라고요. 나한테 관심이 없구나, 이걸 받아들이게 돼서 상처가 됐어요."

보살핌과 관심을 받고 싶었는데 반복적으로 좌절되다 보니, 설아는 이제 화도 내지 않는다고 한다. 화를 내면 부모님께 사랑받을 수 없다는 걸 스스로 인정하는 것 같아 더욱 슬퍼지기 때문이었다.

"저는 어렸을 때는 항상 관심 받고 싶었고 사랑받고 싶었어요. 그러다가 계속 좌절하고 실망하고 속상해하고 그런 걸 반복했어요. 책에 나온 문장 보고 그때 생각이 났어요."

그렇다면 어린 시절과 비교했을 때 지금은 무엇이 달라졌는지 물어보았다. 설아는 이렇게 말했다.

"이제는 상대가 누구든 저에게 관심을 보이든지 말든지 상관 안 해요. 예전의 좌절이 지금의 저를 만들었다고 생각해요. 사람들은 무언가 마음에 사고를 당하면 완전한 내가 만들어지는 것 같아요. 모든 사람은 무슨 일을 겪고 나서 얼마간의 기간을 자기 자신을 성찰하는 데 쓰고 그 후부터는 바른 사람이 되거나 못된 사람이 된다고 생각해요."

'마음에 사고를 당했다'는 표현이 참 좋다고 우선 칭찬했다. 평소 책을 많이 읽는 것도, 공부를 열심히 하는 것도 아닌 아이들이 자신의 경험을 기가 막힌 언어로 표현할 때면 깜짝깜짝 놀란다. 성찰의 깊이는 그가 가진 학식의 수준에 비례하지 않는다는 것을 다시금 느낀다. 만약 아이들이 어린 시절부터 가족의 보호와 공부 자극을 받았더라면 훨씬 뛰어난 글을 쓸 수 있지 않았을까. 입으로는 설아를 칭찬함과 동시에, 한편으로는 적절한 보호와 교육을 받지 못한 채 살아와야 했던 어린 인생이, 사랑을 주지 않았던 매정한 세상이 그들을 너무 일찍 어른이 되게 했다는 생각에 마음이 아려 왔다.

"그럼 설아는 자신을 성찰하다가 지금의 모습이 된 거구나?"

"네, 좀 비뚤어져서 여기까지 온 것 같아요. 이젠 좀 다르게 살아 보고 싶긴 해요."

다음으로 윤지는 책에서 부모님을 향한 애증의 감정을 읽어 냈다.

"저는 여기 책에 나오는 주인공이 공감이 좀 돼요. 얘는 초딩이긴 하지만요. 아버지를 쪽팔려 하는데도 좋아하는 게 드러나서요. 친구들 앞에서 아빠를 부끄러워하다가도 아빠가 자기보다 색소폰을 아끼고, 우선순위에 놓는 게 질투 나고 원망스러워서 색소폰을 망가뜨리잖아요. 되게 이상할 수도 있고 반대되는 감정인데 저는 이게 이해가 돼요."

진심에는 상반된 두 감정이 공존할 수 있다. 미워하는 마음과 사랑하는 마음이 둘 다 진심인 그것을 우리는 애증이라고 부른다. 윤지는 너무 좋아하면서도 미운 아버지에 대한 기억을 꺼내 놓았다.

"저는 원래부터 아빠를 진짜 좋아했어요. 제가 기억하는 어린 시절에는 늘 아빠가 함께 있었고요, 아빠는 늘 저랑 엄마가 1순위였어요. 아빠는 저한테 기대도 많았고 관심도 많았어요. 그때는 저도 아빠에게 사랑받았던 것 같고 좋았는데 시간이 좀 지나서 제가 사춘기가 오고 성적도 떨어지니까 아빠랑 멀어지기 시작했어요. 예전이랑 다르게 아빠가 저를 차가운 눈빛으로 바라보니까 배신감도 들고 상처가 됐어요. 그래서 그때부터 아빠를 가장 미워하기 시작했던 것 같아요."

윤지는 가장 기억에 남는 문장을 다음과 같이 꼽았다. "세상에 이런 아빠도 있고, 저런 아빠도 있다. 그리고 우리 아빠도 있다. 재즈 같은 아빠, 아빠 같지 않은 아빠. 하지만 내가 세상에서 제일 사랑하는 우리 아빠." 너무 밉지만 결국은 사랑할 수밖에 없는 존재이기 때문에 이 문장이 와닿았다고 한다.

오늘 설아와 윤지와의 수업을 통해, 이들의 마음에 사랑이 있음을 느꼈다. 벌을 받아야 마땅한 소년범들을 센터에 머무르게 하며 인문학 수업까지 진행하는 것에 대한 실낱같은 희망을 느꼈다. 각각 중학교 1학년, 고등학교 1학년이라는 어린 나이의 아이들을 길거리로 내몬 것은, 그들을 보호하지 않았던 어른들이었다. 그들은 받지 못한 사랑에 대한 원망과 슬픔을 때로 비행의 원인으로 돌리기도 했고 사회와 어른들에게 받은 상처를 잘못된 방식으로 되갚아 주기도 했지만, 그들 내면에는 어른들에게 사랑받고 그들을 사랑하고 싶은 마음이 있었다.

더 이상 미숙한 어른들 때문에 아이들이 사랑을 포기하지 않기를 기도한다. 이미 만들어진 세상에 태어난 어린이와 청소년들이 절망한다면 그것은 어른의 책임이다. 아이들의 잘못을 제대로 꾸짖고 벌을 주면서도 그것이 매정한 무관심이나 폭력이 아닌 애정에 의한 것임을 알려 준다면, 그리하여 아이들의 마음에 맺힌 원망과 슬픔을 사랑으로 덮을 수 있다면, 아이들도 이 세상을 조금은 사랑할 수 있지 않을까.

마음에 맺힌
원망과 슬픔을

사랑으로
덮을 수 있다면

아이들도

이 세상을

조금은

사랑

할 수 있지
않을까

나의 세상
나의 엄마

"그때의 엄마에게 묻고 싶다/왜 그랬냐고/내 다리에 푸른 멍을 보며 지새웠던 밤/흐르는 눈물과 함께 사랑했던 마음이 흩어졌다//그때의 엄마에게 전하고 싶다/고마웠다고/엄마가 직접 구운 컵케이크로 하루를 마무리했던 밤/흩어졌던 사랑이 모였다"

수업 시간 중에 세미가 쓴 시다. 제목은 "멍과 컵케이크." 세미는 이 시를 소리 내어 읽으려다가 몇 번이고 눈물이 차올라서 결국 직접 읽지 못하고 옆에 계신 생활 지도 선생님께 부탁했다. 부모님께 지속적인 폭력을 당했음에도 엄마를 사랑하고 보고 싶은 마음이 너무 아파서 차마 읽을 수 없다고 했다. 눈물이 왈칵 쏟아지고 목소리가 떨리는 탓에 결국 선생님이 대신 읽어 주었다. 엄마를 향한 깊은 애증과 원망을 다 헤아릴 수 없어도 폭력과 돌봄으로 얽히고설킨 마음은 제목에서부터 전해졌다.

시를 수업 시간에 쓰게 된 이유는, 오늘이 시집《한국인이 가장 사랑하는 명시 100선》(채빈, 북오션)을 읽고 수업하는 날이었기 때문이다. 희망의 인문학 수업은 일주일에 한 번 한 시간씩, 온라인 화상 채팅을 통해 진행된다. 아이들은 한 주간 센터 선생님들의 지도하에 지정된 책을 읽고 감상문을 써서 수업에 참석한다. 그동안 센터 아이들에게 시집을 읽자고 한 적은 없어서 나도 조금 긴장하며 수업에 임했다. 수업용 책을 고르는 기준은 세 가지다. 첫째, 센터에 이미 구비된 책일 것. 매주 별도로 책을 구매하려면 금전적으로 부담이 되기에 센터장님이 미리 주신 센터 비치 도서 목록을 참고한다. 둘째, 쉽고 짧을 것. 아이들의 독해력은 또래에 비해 많이 저조하다. 어려운 단어가 많이 나오거나 내용이 진지하면 일단 읽기 싫어하고, 이해를 잘 못하기 때문에 쉽고 짧은 책을 매주 읽는 것이 성취감에도 도움이 된다고 판단했기 때문이다. 셋째, 다양한 분야의 책을 골고루 선정할 것. 취향에 맞는 책을 발견했을 때의 기쁨은 이루 말할 수 없다. 의무적으로 매주 읽는 책 속에서 자신의 독서 취향을 알아갈 수 있다면 너무나도 보람찰 것이다. 그래서 나는 다양한 주제와 형식의 책들을 아이들에게 소개하고 매주 반응을 유심히 살핀다. 누가 어디에 흥미를 보이는지 파악하기 위해서이다.

시의 특성상 함축적이고 비유적인 표현이 많아서 자칫하면 몹시 지루할 수 있다. 그러나 너무 재밌게 읽었다고 글을 한 페이지 가득 손 글씨로 꼭꼭 눌러쓴 걸 보면서 마음이 찡했다. 또 한 가지 놀라운 점은 아이들 세 명 중 두 명이 '엄마'에 대해 글을 쓴 것이었다. 그래서 오늘 수업은 자연스럽게 엄마에 관한 이야기로 진행되었다.

"시집을 처음 읽어 봤는데 꽤 괜찮았어요. 한 번 쭉 훑어봤는데 저는 우정이나 사랑에 관한 것보다 엄마 얘기가 눈에 들어왔어요."

지현이가 말했다. 지현이가 가장 인상 깊게 읽은 시는 기형도 시인의 〈엄마 걱정〉이다.

"만약 제가 이 시의 주인공이었다면 이미 이곳에 없었을지도 몰라요. 엄마가 어디로 갔는지도 모르고, 밤새 기다렸는데 오지 않았다고 생각하면 온몸에 힘이 쭉 빠져요."

지현이는 감정이 풍부한 아이다. 그래서 시를 읽으면서도 감정 이입이 잘 되나 보다.

"요즘은 '엄마가 나를 버리면 어떡하지' 하는 생각에 무서워요. 우리 엄마도 저처럼 정신적으로 힘들고, 동생들은 사춘기가 오긴 했어도 저처럼 비행은 안 했기 때문에 누구 한 명을 버린다면 저를 버릴 것 같거든요. 한편으로는 그냥 제가 사라지면 우리 가족은 행복하고 평화로울 텐데 싶어요. 그래서 자살 생각도 드는데…. 에이, 여기까지만 말할래요."

지현이는 기형도의 시를 읽으며 엄마를 잃을까 봐, 엄마가 자신을 버릴까 봐 두려워하는 자신의 감정을 알아차렸다. 문학의 힘이다. 허구의 이야기를 바탕으로 하고 있지만, 읽는 사람들에게 감정 이입을 유도함으로써 현실에 영향을 미치는 것. 지현이는 누구보다 시를 시답게 읽고 있었다.

다음으로 우희는 가장 인상 깊었던 시로 윤동주 시인의 〈별 헤는 밤〉을 꼽으며 엄마에 대한 생각을 풀어놓았다. 얼마 전 센터에 들어온 우희는 오늘이 첫 수업이다.

"초등학교 때 컴퓨터 타자 연습을 하면 있었던 시라서 뭔가 익숙해서 인상 깊었어요. 종이에 프린트된 것을 보니 신기하기도 했고요."

가장 인상 깊은 문장을 이렇게 꼽았다.

"'별 하나에 시와 별 하나에 어머니, 어머니' 이 구절이 마음에 와닿았어요. 왜냐하면 좀 쓸쓸했거든요. 어렸을 때 부모님이 이혼하셔서 저는 엄마와의 추억이 많이 없어요. 가끔은 엄마 있는 애들이나 엄마, 아빠 둘 다 있는 애들이 너무 부러워요."

우희는 시를 읽으며 화자의 상황에 자신을 덧대어 보고 있었다. 이미 죽은 옛날 옛적 시인의 마음 따위 알 게 뭔가, 철저히 타인인데. 그렇기에 문학을 읽고 자신의 인생 속에서 화자 또는 주인공의 마음을 덧입히려면 높은 공감 능력이 필요하다. 누군가를 해치거나 손해를 끼치는 잘못을 저지르고 재판을 받아 센터에 들어와 있지만 이 아이들의 마음에도 공감하는 힘이 있다는 생각에 옅은 희망을 느꼈다. 나는 우희의 소중한 감정이 휘리릭 날아가 버리지 않게, 이름을 붙여 주고 싶었다. 그래서 아이들에게 질문했다.

"너희들 글에도 여러 종류가 있다는 것 알고 있지? 설명서는 설명하기 위한 글이고 연설문은 주장하는 글인 것처럼, 문학은 허구의 세상을 그려 낸 글이야. 한마디로 지어낸 이야기라는 것이지. 우리가 전자레인지를 사서 설명서를 읽으면서 그게 진짜라는 걸 믿지만 소설에 나온 이야기를 다 믿지는 않잖아. 문학에는 네 종류가 있는데 바로 시, 소설, 희곡, 수필이야. 그중에서 '시'라는 것은 '감정'의 문학이란다. 시는 감정을 표현하기 위해 지어낸 글이라고 보면 돼. 그렇다면 윤동주 시인의 〈별 헤는 밤〉은 어떤 감정을 표현하고 있을까?"

지현이가 대답했다.

"그리움이요."

"왜 그렇게 생각해?"

"별을 보면서까지 엄마를 생각한다는 건 엄마가 엄청 그리운 거잖아요. 시에 나온 다른 여러 사람 이름도 아마 그 사람이 그리워서 적은 거겠죠."

현지의 말에 나는 이렇게 덧붙였다.

"정말 좋은 지적이다. 그리움. 선생님 생각에 그리움이란, '지금 내 눈앞에는 없는데 내 마음속에는 가득 차 있는 감정' 같아. 현실과 마음이 일치가 안 되니까 사람의 마음을 아주 쓸쓸하게 한다는 생각이 들어."

저 아이는 무엇이 그렇게 그리웠을까. 단박에 나온 '그리움'이라는 말은 그의 문학적 경험이 아닌 실제 삶의 경험이었을 것이다. 사무치게 그리워해 봤기에 화자의 감정을 읽을 수 있었으리라.

엄마 이야기가 나온 김에, '엄마'를 주제로 시를 한 편씩 써 보기로 했다. 아이들이 마음속 깊이 넣어 두었던 감정을 '시'라는 형식에 기대어 허심탄회하게 풀어놓았으면 하는 마음이었다. 5분 정도 시간을 주었으나 시간이 부족하다고 하여 총 8분 정도 시간이 흘렀다. 시 한 편을 쓰기에 충분한 시간은 아니다. 나는 아이들에게, 세 줄 이상만 쓰면 되니 부담 없이 자유롭게 쓰면 된다고 일렀다. 이제 완성된 시를 읽을 첫 순서로 세미의 차례였다. 세미는 글의 서두에 밝힌 것처럼 감정이 북받쳐서 울음을 터뜨리고 말았다. 우희가 휴지를 뽑아서 건네자, 눈가를 닦고 추스르려 해 보았으나 눈물이 멎지를 않아 맨 마지막 순서를 요청했다. 그래서 우희, 지현이, 세미 순서대로 자작시를 발표했다.

먼저 우희의 차례였다.

"엄마와 함께한 즐거움/엄마와 함께한 추억들/엄마와 함께한 시간들/늘 곁에 있어 주고 여자의 마음을 알아주는 엄마//모든 것은 기억과 추억/엄마의 추억으로 살고 싶다/언젠가 엄마, 아빠와 다 함께 모이고 싶다"

우희는 시를 다 읽은 후, 어렸을 적 부모님이 이혼하고 아버지와 자라 오며 엄마가 많이 그리웠다고 했다. 아빠가 있긴 했지만 그래도 여자인 엄마가 곁에 있어서 자신이 힘들 때마다 조언을 해 주고 마음을 알아주길 늘 바랐다면서. 아빠가 친구들과의 술자리나 약속에 나가서 집에 들어오지 않을 때면 홀로 밤을 새우며 참 많이도 외로웠다고 했다.

다음은 지현이가 발표했다.

"우리 엄마/보고 싶은 우리 엄마/이렇게 부르니까 생각나네/생각나니 속상하고/속상해서 울다 보니 결국 보고 싶네/언제 봐도 안 질리네/벌써부터 생각나네/사랑해요"

지현이는 엄마를 생각하면 딱 우울해진다고 했다. 그게 가장 첫 번째로 드는 감정이라고 했다. 가슴이 턱 막히면서 우울해지는 걸 어쩔 수가 없다며 말을 이어 나갔다.

"제가 요즘에도 상담을 다니면서 매주 금요일마다 엄마를 한 번씩 보는데요, 엄마도 저도 정신적으로 힘들거든요. 근데 엄마가 힘든 게 나보다 더 오래였으니까 그게 전달돼서 너무 힘들어

보이고요. 그리고 엄마는 병원 가는 거나 입원하는 게 싫다고 했는데 억지로 보낸 것 같아서 그것도 미안해요. 이렇게 비행을 저지른 제 모습이 장녀로서 미안하고 동생들한테도 다 미안하고요. 엄마가 이런 저를 버릴까 봐 무섭기도 해요."

죄책감과 불안함, 엄마를 향한 연민이 뒤섞인 말이었다. 얼굴만 봐도 가슴을 답답하고 우울하게 만드는 존재라는 엄마. 그러나 지현이의 시에 나타난 진심은, 그 마지막 말은, 사랑한다는 말이었다. 아이들에게 엄마는 세상이다. 태어나서 처음 만난 이 세상 사람이자 인생을 알려 주는 존재. 그렇기에 폭력과 돌봄, 애증, 북받치는 그리움, 쓸쓸함, 죄책감이라는 모든 감정은 아이들이 이 세상을 대하는 태도일 것이다. 법을 어기고 재판을 받은 이 아이들은 분명히 잘못을 저질렀으나 냉혈한은 아니었다. 그 감정이 증오로 얼룩져서 누군가를 해치지 않길, 마음 한 켠에 분명히 남아 있는 사랑이라는 감정이 짓밟히지 않고 소중히 자라나서 언젠가 다른 누군가를 공감하는 어른으로 성장하길 기도하며 오늘의 수업을 마무리했다.

행복에 가까운
불행

인문학 수업의 특성상 아이들에게 사유를 요구하는 질문을 많이 하게 되는데, 그럴 때마다 자주 돌아오는 대답의 레퍼토리가 몇 개 있다. 그중 단연 1등은 "잘 모르겠어요"이다. 이는 주로 생각하기 귀찮은데 어쨌든 물어보니 말은 한다는 식의 답이다. 분명하지 않은 발음으로 얼버무리듯이 웅얼거리는 것이 특징이다.

시현이는 다르다. 다른 아이들이었으면 '모르겠어요'라고 대충 때울 것 같은 말투로 죽음을 이야기한다. "어차피 죽으면 다 끝나요", "죽고 싶어요", "그런 건 잘 모르겠고 그냥 시간이 빨리 갔으면 좋겠어요" 등이다. 살아 있기에 모든 고통을 느껴야 하는 인간으로서는 죽음만큼 보장된 도피처가 없다. 그래서 시현이가 죽음에 대한 말을 하면, 내 말문이 막힌다. "그렇구나, 잘 죽으렴"이라고 말할 수는 없기 때문이다. 또한 시현이는 비단 죽음뿐 아니라 자신의 비뚤어진 욕망을 가감 없이 표현하는 아이다.

"저는 일타 강사나 축구 선수랑 결혼할 거예요. 유부남이라도 뺏을 거예요. 자신 있거든요. 저한테 한 달마다 용돈만 제대로 주면 저는 다 참을 수 있어요. 때려도 되고 무시해도 상관없어요. 돈만 주면요."

가족과 결혼에 관한 이야기를 할 때 시현이가 한 말이다. 굳이 대꾸하지 말까 하다가 한 달 용돈을 얼마나 주면 그런 것까지 다 참을 수 있냐고 물어보았다. 시현이라면 기준 금액까지 생각해 놓았을 것 같았기 때문이다. 시현이는 5백만 원이라고 했다. 돈이 존엄에 앞선다면 그 이유는 높은 액수 혹은 낮은 자존감일 터인데, 두 가지는 거래되기 쉽지 않다. 낮은 자존감에 비싼 값을 치르는 사람은 없기 때문이다. 끊임없이 돈 얘기를 하는 시현이가 자신의 존엄성에 어떤 가격표를 붙이고 있는지 들을 수 있는 시간이었다.

그 외에도 시현이는 남자 연예인들에 대한 성적 농담, 부자와 결혼한 다음 이혼 소송을 걸어 위자료를 '뜯어내는' 계획 등 아주 다채롭고도 적나라한 말들을 한다. 자기보다 더한 짓을 하고도 잘 먹고, 잘 사는 사람들이 있는데 재판받고 센터에 들어와 있는 것이 억울하다고도 한다. 독후감은 딱 한 줄 적어 오면서 수업 시간에는 나의 말문을 막아 버리는 시현이는 나에게 있어서 골칫거리다. 그렇지만 그의 태도를 지적하거나 말꼬리를 잡기 시작하면 더욱 곤란한 상황이 펼쳐질 것이기 때문에 나는 시현이의 말에 크게 반응을 보이지 않고 넘어간다.

오늘의 책은 《시간을 파는 상점》(김선영, 자음과모음)이다. 설아, 지은, 시현 세 명의 아이가 수업에 참석했다. 청소년 소설인 이 책은 하루에 25시간이 존재할 수 있을까에 대한 이야기, 시간을 사고팔며 사건을 해결해 주는 주인공 등을 다룬 판타지로 우리의 상상력을 자극하는 재미있는 주제로 가득 차 있었다. 아이들은 시간에 대해 무척이나 흥미로워했다. 설아는 책에서 인상 깊었던 구절을 감상문에 적어 놓았는데 삶의 유한성에 관한 것이었다.

"삶은 지금의 시간을 살기 때문에 더욱 아름답고 아쉬운 건지도 모른다. 아무것도 영원하지 않다."

설아는 이 문장을 앞으로 살아가면서 가슴에 깊게 새기고 싶다고 했다. 지금이라는 시간이 아름답다고는 느껴지지 않지만, 인간에게 있어서 영원한 것은 없다는 것을 다시 한 번 확신하게 되었다고 덧붙였다.

이 구절은 책 속에서 주인공 아버지의 유언으로 등장한 글귀이다. 소방관이었던 아버지는 다른 사람들을 구해 주다가 희생하며 세상을 떠났다. 주인공은 늘 아버지의 유언을 생각하며 살아간다. 그렇다. 죽음은 삶을 생각하게 한다. 주어진 시간이 영원하지 않다는 것을 진정으로 아는 자의 눈에 비친 세상은 덧없고도 가여우리라. 본질적인 것에 집중하기 때문이다. 삶은 죽음으로 완성된다. 나는 입을 열었다.

"인간은 모두 한정된 시간을 살고 있고, 단 한 명도 빠짐없이 죽음이라는 결말을 맞잖아. 그렇기에 어떤 죽음을 맞이하고 싶은지 고민하다 보면 나에게 주어진 인생이라는 시간을 어떻게 쓰고 싶은지 알 수 있어. 그것이 너희 각자가 행복해지는 방법을 깨닫는 데 도움을 줄 거야. 이번에는 '내가 가장 행복했던 순간'에 대한 이야기를 나눠 보자."

말이 나온 김에 '죽음'과 '시간'에 대하여 이야기해야겠다는 생각이 머리를 스쳤고 나는 아이들에게 세 개의 질문을 하기로 했다. 특히 시현이에게 한 번은 이런 시간이 필요했다. 태도도 좋지 않고 나에게 스트레스만 안겨 주는 아이지만 그가 말하는 죽음과 시간의 근원이 뭔지 제대로 들어 보고 싶기도 했다.

지은이는 '어렸을 때 가족과 함께 즐거웠던 순간'이, 설아는 '혼자 조용하게 음악을 들으며 커피를 마실 때'가, 그리고 시현이는 '아무 생각 없이 잠을 잘 때'라고 답했다.

나는 두 번째로 아이들에게 죽음에 대해 질문했다.

"이번에는 '만약 내 인생이 3일밖에 남지 않았다면 무엇을 하고 싶은지'에 대해 이야기해 보자. 첫째 날에는 뭘 하고, 둘째 날에는 뭘 하고, 마지막 날에는 어떤 죽음을 맞이할 것인지 간단하게 적어서 발표해 보도록 할게."

아이들은 2분 정도 고민 및 메모할 시간을 가진 후 각자 순서대로 3일간의 계획을 발표하였다.

설아와 지은이는 비슷한 대답을 했다. 첫째 날과 둘째 날에는 이제까지 하고 싶었는데 떠밀리며 살다 보니 못했던 일을 해 보고 싶다고 말했다. 맛있는 걸 실컷 먹고, 친구들과 어울리고, 가족들과 평화로운 시간을 보내고, 낯선 곳으로 여행을 가는 것이다. 그리고 마지막 날은 방에서 고요하게 혼자 죽음을 맞이한다고 했다. 설아는 좋아하는 음악을 틀어 놓고 커피를 마시다가 낮잠에 들어서 죽고 싶다고 했고, 지은이는 오후의 햇살을 맞으며 살아왔던 인생을 되돌아보다가 마지막을 맞이하겠다고 말했다.

시현이의 답을 들을 차례다. 나는 이 아이가 또 무슨 말을 할까, 싶어서 긴장하면서도 내심 궁금해하며 귀를 기울였다.

"저는 더 당당하게 법을 어길 거예요. 어차피 죽을 거니까 그러면 이런 데 올 필요도 없잖아요. 첫째 날은 제가 싫어하는 사람들을 찾아가서 때리고, 제 친구들 비밀을 SNS에 다 올릴 거예요. 그리고 둘째 날은 먹고 싶은 거 다 먹고 백화점에서 좋은 것 좀 쌔비다가, 마지막 날에는 잔뜩 취해서 뻗을 거예요. 고통 없이 죽을 수 있게요."

예상을 벗어나지 않는 답이었다. 나는 가타부타 말을 하지 않고 세 번째 질문으로 넘어갔다.

"이번에는 방금까지 얘기했던 걸 섞어서, 만약에 가장 행복했던 순간으로 돌아갈 수도 있고, 3일 뒤에 죽을 수도 있다면 어떤 선택을 할 것인지 이야기해 보자."

"죽을래요."

"죽을래요."

"죽을래요."

약속이라도 한 듯이 세 아이 모두가 같은 말을 했다. 이번에는 생각해 볼 1~2분의 시간도 필요하지 않았다. 나는 아이들에게 이유를 물어보았다.

"저는 좀 빨리 죽고 싶어요."

설아가 말을 덧붙였다. 대체 왜 행복한 시간보다 죽음을 택하냐고 물어보았더니, 죽으면 편안해질 것 같기 때문이라는 답이 돌아왔다.

"행복했던 그 시절로 돌아가도 별로 안 좋을 것 같아요. 그 후로 안 좋은 일도 너무 많이 겪어야 해서 싫어요."

지은이의 대답이었다.

"아무리 행복하다고 해도요, 살아 있다는 것 자체가 고통이기 때문에 죽는 게 무조건 이득이에요."

마지막으로 시현이가 말했다. 그 아이에게 죽음이란 확실한 도피처였다. 범법과 유흥을 통해 남에게서 돈을 많이 '뜯어내는' 게 목표라는 말을 입에 달고 사는데, 오래 살면서 그 부(富)를 누릴 생각은 없었나 보다. 만감이 교차하는 가운데, 시현이가 참 불행한 사람이라는 생각이 들었다.

나는 여기에서 '반대말'에 대한 이야기를 시작했다. 누군가 "뜨거운 물 좀 가져다 줘"라고 했을 때 누군가는 라면을 끓일 수 있는 95도 이상의 팔팔 끓는 물을 생각할 수 있고, 누군가는 바로 마실 수 있는 물의 온도를 생각할 수도 있다. '뜨겁다'라는 말에 우리는 머릿속으로 각기 다른 이미지와 감각을 떠올린다. 그렇지만 소통이 가능한 것은 바로 반대말이 있기 때문이다. 뜨겁다는 것은 차갑지 않은 것이다. 우리가 머릿속으로 떠올린 물은 온도의 차이는 있었지만 모두 차갑지 않은 물이었다. 빨강을 알기 위해서는 파랑을, 봄을 알기 위해서는 여름, 가을, 겨울을 알아야 한다.

마찬가지로 '행복해지는 법'에 대해 고민한다는 것은 '불행해지지 않는 법'을 고민한다는 것이다. 아무리 죽고 싶어도 일단 지금은 살아 있으니까, 최소한 살아 있는 동안은 덜 불행할 방법을 앞으로도 고민했으면 좋겠다고 아이들에게 말했다.

다소 장황한 이 이야기를 굳이 왜 했을까, 잠깐 반성의 기분이 몰려왔다. 나는 평소 아이들의 이야기를 최대한 수용적인 태도로 들으려고 노력한다. 특히 시현이의 말에는 특별한 반응을 하지도, 크게 관심을 보이지도 않는다. 공격적이면서 아무 원칙이 없는 그 아이가 어떤 행동을 할지 전혀 예상이 안 되기 때문이다. 그런데 오늘은 나 혼자 씩씩대며 열심히 말을 늘어놓았고 그러고 나니 조금 허탈했다. 그렇지만 아이들의 비관적이면서도 뒤틀린 마음씨가, 자기 불행을 감당하지 못해서 남을 해치거나 괴롭힌다는 생각이 들어서 도저히 그냥 넘어갈 수가 없었다. 그리고 아주 조금이라도 아이들에게 도움이 되고 싶은 나의 욕심은 사명감을 닮아 있었다.

어느덧 수업 시간이 끝나가고 있었다. 수업을 마무리하는데, 설아가 말했다.

"쌤, 근데요, 즐겁고 행복한 일을 하다 보면 시간이 빨리 가요. 그럼 빨리 죽을 수 있긴 한데 행복할 수도 있어요. 쌤 말씀이 이거 맞죠?"

내가 아예 헛소리를 하진 않았나 보다.

좋은 어른이
되려면

"쌤, 쌤, 방귀 소리 안 들려요?"

희선이의 말에 다들 뒤로 넘어간다. 깔깔, 꺄르륵 웃으며 난리가 난다. '내가 다루기 힘들어 하는 감정'에 대해 잠깐 생각해볼 시간을 1분 정도 가져 보라고 했더니 그 조용한 가운데 수정이가 방귀를 뀌었나 보다. 다행히(?) 화면을 뚫고 나에게까지 들리지는 않았다. 어쩐지 방금 수정이가 미나에게 손바닥을 내밀며 한 번 꾹 눌러보라고 한다 싶었는데 알고 보니 그게 방귀의 신호탄이었다.

미나는 수정이 쪽으로 손사래를 치며 다른 한 손으로 코를 막는다.

"쌤, 생각 다한 것 같아요. 빨리 시작해 주세요. 시간 더 주면
얘가 자꾸 더 이상한 짓 할 것 같아요."

"그래, 어서 시작하자. 오늘은 우희부터 미나 쪽으로 가면서
차례대로 이야기해 보자."

오늘의 책은 《박상미의 고민사전》(박상미, 특별한서재)이다. 청소
년들이 주로 하는 고민을 모아 놓고 거기에 대한 저자의 해결책
을 담은 책으로 독자에게 많은 위로를 전달한다. 학부모나 선생
님들에게는 아이들을 이해하고 돌볼 실마리를 찾게 해 주고, 청
소년에게는 현재 하고 있는 고민을 건강한 방식으로 다루며 성
장해 나갈 발판이 되어 준다. 아이들이 말 못할 내면의 고민이
나 누구도 알아주지 않아 문드러진 마음속을 잘 들여다보고 나
름의 긍정적인 해결책을 찾았으면 하는 마음으로 이 책을 선정
했다. 지금은 감정 조절을 주제로 이야기 중이다. 아이들은 자
신이 가장 다루기 힘들어 하는 감정과 그에 대해 스스로 시도하
고 있는 나름의 해결 방법을 발표할 것이다.

"저는 걱정을 심하게 하다 보면 밤에 잠을 못 자요. 계속 생각
을 멈출 수가 없어서 잠에 들 수가 없거든요. 그러다 보면 안 좋
은 쪽으로도 생각하게 되고 좀 안 좋더라고요. 그래서 그럴 때
는 방문을 열고 자요. 아빠는 거실에서 자고 저는 방에서 자는
데 문을 열면 아빠가 보여서 좀 나아지더라고요."

"저는 외로움, 우울감, 고립감 등등을 다루기 힘들어 해요. 집에 혼자 있을 때 주로 그런 생각이 들어서 어떻게든 다른 사람이랑 같이 있으려고 하는 것 같아요. 무슨 수를 써서라도 친구를 집으로 부르거나 아니면 전화를 해요. 밖으로 나갈 때도 많아요."

"저는 크게 두 가지가 있는 것 같아요. 조바심이랑 걱정이 있고요, 분노가 있어요. 조바심 나고 걱정될 때는 가슴이 답답하고 짜증이 막 나고요, 분노는 예민하고 남들한테도 공격적으로 돼요. 그럴 때 사람들이랑 있으면 오히려 안 좋게 행동할 것 같아서 저는 베개에 얼굴을 파묻고 소리를 지르거나 잠깐 나가서 바람 쐬면서 산책하는 편이에요."

"화를 잘 못 다스려요. 방법은 딱히 없습니다. 그래서 문제가 많아요. 앞으로 생각 좀 해 보려고요."

"저는 단계별로 대처법이 달라요. 외로우면 우울해지고 힘들어지는데요, 좀 적당히 힘들 때는 사람을 만나면 해결이 돼요. 근데 조금 더 외로울 때, 약간 2단계일 때는 유튜브를 보거나 노래를 들어요. 마음이 편안해질 수 있게요. 마지막 3단계는요, 아무도 안 만나고 고립된 공간에서 혼자 울어요. 울고 또 울다 보면 한참 지나고 언젠가 울음이 그치면요, 그때 생각이 돌아오기 시작해요."

미나는 고독감이 극심할 때 사람들과 같이 있으면 오히려 더 외롭고 남들한테 피해를 끼치기에, 혼자서 그 감정을 마주하는 것이 중요하다고 했다. 피하려고 사람을 만나도 해결되지 않기 때문이었다. 사람들이 주는 기쁨은 한계가 있고 결국 자신을 달랠 수 있는 건 자신뿐이라고 했다.

"다들 깊이 있게 생각했구나. 감정은 인생의 많은 부분을 차지하기에, 조절하기 힘든 감정은 잘 다룰 줄 알아야 해. 누군가를 사랑하는 마음, 미워서 해치고 싶은 마음, 순간적으로 욱하는 마음 등 감정 때문에 인생이 많이 바뀌잖아. 나도 덜 상처 받고 남도 해치지 않으려면 자기한테 맞는 해결법을 찾아야지. 다들 자기만의 방법을 찾고 있는 것 같아서 뿌듯하고 참 좋다."

"방귀만 뀐 게 아니랍니다."

수정이가 장난스러운 목소리로 말하고 작게 웃는다. 그 말을 들은 은서가 놓치지 않고 받아친다.

"너는 화 다스리는 법 모르겠다며."

"이제부터 할 거야. 미나가 말한 거 좋아 보여서 따라 하려고."

은서와 수정이가 서로 말하는 소리에 나도 입을 열었다.

"그래, 다른 사람이 이야기한 걸 내 것으로 만들면 좋지. 책에서 본 내용이나 수업 시간에 옆 사람이 말한 걸 잘 듣고 기억해 두면 성장할 수 있으니까."

같은 책을 읽고 독후감을 써 오는 이유도 여기에 있다. 동일한 내용도 사람마다 다르게 받아들이고 그에 대한 관점도 다르기에, 넓은 시야를 기를 수 있다. 직접 경험으로는 결코 알 수 없는 다양한 세상의 다양한 사람들의 삶의 이야기를 통해 지금, 여기의 나를 되돌아보는 것이다. 독서와 나눔을 통한 간접 경험은 성장에 큰 도움이 된다.

이번에는 《박상미의 고민사전》에서 가장 공감이 갔던 고민을 자기 삶에 비추어 말해 보기로 했다. 우희가 손을 들었다.

"저는 고민은 아닌데 작가가 한 말 중에 공감되는 말이 있었어요. 그거 말해도 돼요?"

"그럼, 당연하지. 어떤 말이 공감됐어?"

"어렸을 때 대인 관계 두려워하고 울음을 참는 사람이었다는 말이요. 저도 그랬거든요. 부모님 앞에서 우는 걸 안 좋아했어요. 왜냐하면 엄마가 잠깐씩 저랑 함께 있을 때는 엄마가 저한테 행복한 기억 만들어 주려고 애쓰는 걸 아니까 못 울었고요, 아빠는 맨날 바빠서 징징댈 수가 없었어요. 아빠가 일하러 새벽 네 시에 나가서 저녁 일곱 시에 들어왔거든요. 아빠도 힘드니까 미안해서요. 부모님 앞에서는 항상 일부러 밝은 척했어요."

다음으로 서희가 입을 열었다.

"저한테 공감되는 내용은요, 67쪽인가에 나오는 '복수하고 싶을 때 보세요'예요. 제가 초등학교 때 왕따를 당했거든요. 애들이 인스타나 단톡방에 일부러 초대해 놓고 계속 제 욕을 하고 괴롭혔어요. 제가 그때 좀 뚱뚱하고 옷을 진짜 못 입었는데 그것 때문에요. 복수하려고 예뻐지고 싶었어요. 1년 동안 제가 살

엄청 열심히 빼고 화장도 하고 옷도 바꿔 입었거든요. 그러니까 애들이 안 괴롭혔어요."

"저는 딱 뭐라고 하기보다는 책 내용이 전체적으로 청소년 입장에서 잘 쓴 것 같아요. 남자친구나 여자친구 얘기도 그렇고 여러 가지로 좀 좋았어요. 인상 깊었던 말은 '과즉물탄개'요. 잘못했으면 바로 고쳐야 한다는 말이라고 나와 있어요. 사실 제가 실수라는 말을 계속 반복하는데 실수는 한 번 하는 거지 두 번째부터는 실수가 아니잖아요. 그래서 저는 좀 괜찮은 어른이 되고 싶은데 이상한 어른 될 것 같아서 이 말이 인상 깊었어요."

아이들은 어른이 된다. 반대로 말하면 모든 어른은 아이였다는 것이다. 너무나 당연한 말이 새삼스럽게 다가오는 까닭은 아마 세상에는 어른답지 못한, 아이 같은 어른이 많기 때문일 것이다. 나이를 먹었지만 성장하지 못한 그들을 어른이라고 부를 수 있을까. 잘못을 반복하지 않고 고쳐서 '좀 괜찮은 어른'이 되고 싶다는 은서의 소망이 이루어지려면, 아이들이 잘 성장하게 어른들이 나서서 도와야 할 것이다.

"너희도 이미 알겠지만, 세상에는 좋은 어른만 있지 않아. 예의 없고, 감정 조절 못하고, 어린애들을 착취하는 어른들이 널렸지. 그렇다면 어떻게 하면 '좋은 어른'이 될 수 있을지 지금 같이 고민해 보자. 좋은 어른들은 어렸을 때 어땠을까?"

속도보다 방향이다. 아이들이 잘못된 방향으로 가고 있는 것을 깨달았고, 고치려고 한다면 이제는 제대로 된 방향 설정이 중요하다. 성장의 밑그림을 일단 그리고 나면 속도가 느리더라도 어긋난 길에 들어서지는 않을 것이다. 롤 모델이 될 만한 어른을 본 적 있어야, '좋은 사람'에 대한 기준이 있어야 그렇게 클 수 있다.

"그런 어른들은요, 일단 어렸을 때 사랑을 아주 많이 받았을 거예요. 좋은 어른을 많이 봤겠죠. 가르쳐 주는 사람도 있었고요. 저는 '못 배웠다'라는 소리가 제일 듣기 싫어요. 그런 소리 안 듣게, 해도 되는 거랑 하면 안 되는 걸 어렸을 때부터 배웠을 것 같아요."

"맞아요. 부모님이 초등학교도 못 졸업하고 이런 거랑은 상관없어요. 부모님이 인생 사는 방법을 좀 가르쳐 줘야 좋은 어른이 돼요. 자기 신경질 난다고 막 때리고 밀치고 욕하지 않고 말로 잘 설명해 줬을 거예요. 왜 남을 배려해야 하는지 뭐 그런 것들요."

"사랑을 받아 봐야 남도 사랑하는 것 같아요. 사랑 많이 받고 자란 사람들이 커서도 착한 사람 되는 것 같아요."

"산전수전 겪었을 거고요, 근데 그러면서 막 더러워지는 게 아니라 잘 이겨 냈을 것 같아요. 그건 어렸을 때 부모님이 사랑 많이 해 줘야 가능해요."

아이들은 하나같이 부모님과 어른의 영향을 꼽았다. 나는 그 말을 들으며 이 녀석들이 부모님 탓, 어른 탓을 한다고는 생각할 수 없었다. 자신들이 갖지 못한 부분을 정확하게 인지하고 있다고 느꼈다. 아이들은 태어날 때부터 주어져 있던 자기 상황과 가정 환경을 잘 알고 있었다. 그렇지만 아무리 분노와 좌절, 고독이 고통스러워도 감정을 조절해야 한다고 아이들을 타일렀다.

어른이 되어 가는 너희들은 스스로에게 좋은 어른이 되어 줘야 한단다. 누구도 알아주지 않았던 많은 고민과 아픔을 세상에 복수한답시고 칼을 갈거나 분풀이하면 안 된단다. 끝내 풀리지 않은 고민의 칼날은 결국 너희를 찌를 테고, 그 끝에 가서는 더욱 외로워질 뿐이니까. 많은 책이 너희 아픔을 위로해 주고 싶어 한단다. 그러려고 있는 인문학 수업이야. 이 점을 명심해 줘. 책 열심히 읽고, 독후감 써서 다음 주 이 시간에 또 만나자.

누구도 알아주지 않았던
많은 고민과 아픔을
세상에 복수한답시고
칼을 갈거나 분풀이하면 안 된단다

끝내 풀리지 않은 고민의 칼날은
결국 너희를 찌를 테고,
그 끝에 가서는
더욱 외로워질 뿐이니까

감사의
씨앗

오늘은 유독 아이들이 어수선하다. 수업이 시작되었음에도 여전히 한구석에서 웅성거리며 잡담을 이어 나간다. 내가 아이들을 만나는 건 일주일에 단 한 시간. 센터의 분위기를 익히는 데는 극히 적은 시간이다. 그동안 센터에 무슨 일이 있었고 아이들 사이에서 어떤 일들이 휘몰아쳤는지 거의 알지 못하는 상태에서 인문학 수업만을 진행하는 것이다. 여기까지 오게 된 아이들 개개인의 사정은 물론 센터에서의 그들의 일상과도 동떨어져 있는 내가 과연 의미 있는 수업을 할 수 있을지, 마음 한켠에 늘 의문이 있다.

처음 센터 수업을 맡게 되었을 때는 의미 있는 수업을 하고자 하는 기대감보다 긴장감과 두려움이 나를 덮쳤다. 나를 떨게 만든 가장 큰 이유는 센터 아이들의 특수한 상황이다. 재판까지 받은 그들의 비행 수준은 학원 가기 싫다고 징징거리는 아이들의 일반적인 반항 수준을 훨씬 웃돌 것이고 그들이 겪어 온 삶의 환경은 나의 십 대 시절이나 내가 주위에서 흔히 본 청소년들의 그것과는 매우 다를 것이기에 아이들이 나를 순진하게 여겨 수업에 협조를 하지 않으면 어쩌지, 더 나아가 나를 업신여기고 망신까지 주면 어떡하지, 하는 걱정이 있었다. 막상 수업을 진행하게 되니 걱정은 부질없었다. 수업 시간 중 아이들 옆에는 생활 지도 선생님이 계셔서 별일이 없는 한 아이들은 돌발 행동을 하지 않는다. 선생님이 잠깐이라도 자리를 뜨면 분위기가 엉망진창이 되긴 하지만 대부분의 경우에는 선생님이 계시기에 수업은 어느 정도 통제된 환경에서 진행된다. 그래서 나의 신변에 관한 걱정은 크게 할 필요가 없다.

오히려 화장도 하지 않고 무채색의 사복을 입은 아이들이 너무나 그 나이대의 어린 친구들로 보여서 그들이 저질렀을 일들에 대해 잊어버릴 때가 있다. 볼이 빨갛고 앳된 영락없는 어린아이인 모습으로 별것도 아닌 장난에 서로 키득키득 웃고 있는 것으로는 그 삶의 행적이 표시가 나지 않기 때문이다. 그런데 오늘 소유의 오른팔이 눈에 들었다. 처음 볼 때부터 있었던 그 검은 그림들은 알고 보니 문신이었다. 아이들에 대해서 1초만 생각해도 알 수 있는 사실인데 나는 이제까지 그것이 장난삼아 볼펜으로 그린 낙서라 생각했다. 그러나 낙서가 한 달째 같은 모양으로 맨살에 남아 있을 리는 없다. 그 짧은 순간에 열다섯 살 소유의 삶이 내게서 한 걸음 멀어졌다.

"쌤, 이것 좀 봐요."

소유가 카메라에 대고 입속을 보여 준다. 콧구멍도 보여 준다. 노트북 화면에 혓바닥과 치아가 가득 찼다가 양쪽 콧구멍이 가득 찬다. 소유가 매번 하는 다소 엽기적인 행동이다. 선생님의 관심을 받고자 저러는구나 싶어서 나는 그럴 때마다 귀엽다고 말한다.

"아이고, 소유 어금니 좀 봐라. 어금니 엄청 귀엽네."

소유가 배시시 웃는다. 장난꾸러기 같은 행동을 아무렇지도 않게 하면서도 막상 관심과 칭찬을 받으면 작은 송곳니를 드러내고 수줍게 웃는다.

관심 받고 싶은 어린아이와 문신. 전혀 어울리지 않는 두 가지가 공존하는 이곳에서 오늘도 수업이 시작됐다. 분위기는 어수선했지만 일단 강행해야 한다. 화면 밖 내 외침으로 아이들이 진정할 것도 아니고, 기다린다고 수업에 적합한 분위기가 형성될 것도 아니기 때문이다. 오늘의 책은《평생감사》(전광, 생명의 말씀사)다. 여느 때와 같이 아이들은 일주일간 책을 읽고 글을 한

편씩 써 왔다. 내가 아이들을 순차적으로 지목하면 아이들은 써 온 글을 소리 내어 읽는다. 낭독이 끝나면 모두 다 같이 큰 소리로 박수를 친다. 그리고 돌아가며 그 글에 대한 자신의 생각을 말한다. 아이들은 다른 사람들의 글을 귀 기울여 읽고 피드백하는 법을 익혀 나갈 수 있다. 좋든 싫든 한마디씩 해야 하기 때문이다.

첫 순서는 하윤이의 글이다. 하윤이는 앞으로 일상에서 감사할 거리를 많이 찾아야겠다는 내용의 글을 썼다.

"진짜 책 내용처럼 평생 감사하면서 살아가야겠다. 이 책에는 감사에 대해 신중히 생각해 보라고 적혀 있는데 그 말처럼 곰곰이 생각해 보니 감사할 것들이 참 많았다. 우선 센터에 온 게 감사하다. 왜냐하면 가족과 떨어져 있으며 가족의 소중함을 알게 되었고 하나님도 만나게 되었기 때문이다. 그리고 오늘은 닭볶음탕을 먹었는데 맛있어서 감사했다. 적고 보니 여러모로 감사할 거리가 많다. 앞으로도 늘 감사할 것들을 찾아야겠다."

박수와 피드백이 끝나고 나는 아이들에게 지금 생각나는 감사할 일들을 적어 보자고 했다. 종이와 펜을 준비하라고 하니 또다시 떠들썩하다.

"자, 다들 펜을 준비했으면 지금부터 감사할 일 다섯 가지씩 적는 거야."

"세 개밖에 생각 안 나면 어떡해요?"

역시나 볼멘소리가 따라온다. 나는 최대한 다섯 개를 생각해 보고, 도저히 안 되겠으면 세 개만 발표하자고 말한다.

"5분간 적고, 적은 다음 돌아가면서 발표할 거야. 지금부터 시-작."

시간이 다 되고, 아이들이 발표한 감사 거리는 풍성했다. 센터에 들어와 있는 와중에도 나를 기다리고 믿어 주는 가족, 하나님, 센터에서 얻은 소중한 기억과 경험들, 기도하는 시간 등을 말하였다.

"다 함께 모여 식사하는 시간과 기도하고 예배드리는 시간이 즐거워서 감사해요. 퇴소 후에도 이런 일상이 계속되었으면 좋겠어요. 그러면 계속 감사할 수 있을 텐데."

연진이가 말했다. 적절한 돌봄을 받지 못하던 아이들이 센터에서 보살핌을 받으며 평안함을 누리고 있다는 것에 나도 덩달아 마음이 따뜻해졌다. 하지만 이 아이들이 퇴소 후에도 또다시 사고 치지 않고 살아갈 수 있을까. 센터 생활과 인문학 수업이 재범률을 낮추고 아이들이 더 나은 삶을 사는 데 과연 기여할 수 있을까. 나는 이 질문을 아이들에게 해 보았다.

"앞으로 계속 감사하는 삶을 살려면 어떻게 해야 할까? 퇴소 후에는 지금이랑 다른 일상일 텐데 그때도 평생 감사하려면 뭐가 필요할지 한번 이야기해 보자."

"저요!"

말이 끝나자마자 소유가 손을 번쩍 든다. 말해 보라고 하자 얼른 말을 이어 나간다.

"회개해야 해요. 내가 잘못한 것, 후회한 것들에 대해 하나님 앞에 나아가 충분히 회개하는 시간을 가져야 감사한 마음이 들 거예요. 아니면 마음이 무겁고 지옥 같아서 어떤 것에도 감사할 수 없을걸요."

소유의 말에서는 변화를 향한 열망이 느껴졌다. 비록 이전에는 실수와 잘못으로 얼룩져 벼랑 끝에서 살아왔으나 센터 생활과 인문학 수업을 통해 다른 세상을 엿보았고, 그 세상으로 발걸음을 향하고 싶은 의지 말이다. 넓은 세상을 보기 이전에는 주어진 환경이 전부인 줄 알고 그 속에서 남을 해치며 아등바등 살아왔다면 이제는 새 삶으로 나아가고 싶은 마음. 회개는 과거와의 단절이기 때문이다. 과감히 돌아서서 새로운 인생을 택하고 싶다는 마음에는 아마 자신에게도 희망이 있음을 깨달았기 때문이리라.

탈무드에서는 "세상에서 가장 지혜로운 사람은 배우는 사람이고, 세상에서 가장 행복한 사람은 감사하며 사는 사람"이라고 했다. 학식이 높다고 지혜로운 것이 아니요, 많이 가졌다고 행복한 것이 아니다. 배우려는 자세와 감사하는 마음만 있으면 얻을 수 있다는 점에서 지혜와 행복 앞에 인간은 평등하다. 아이들의 과거는 그 팔에 새겨진 문신처럼 삶에 깊은 자국을 남기겠지만 그것이 감사하며 살고자 하는 태도를 가로막을 수는 없다.

'수업이 아이들에게 도움이 되는가'라는 의문은 여전하다. 그러나 직접 아이들과 부대끼고 그들의 말을 들을수록, 센터 생활과 인문학 수업 시간이 그들의 마음 한구석에 감사와 희망의 씨앗으로 남아 언젠가 그 아이들을 변화시키는 힘이 되리라는 확신이 생긴다. 지금은 꽃도 열매도 없는 황량한 흙더미이지만 지속적인 관심과 돌봄을 마치 물을 주고 햇빛을 쬐듯 주면 어느 한 명이라도 변화가 생기리라.

그 미약한 희망의 씨앗을 뿌리며 작고 연약한 존재들과 마주하는 것이 인문학의 역할이다. 필연적으로 방황하고 악한 행동을 저지를 수밖에 없는 인간으로 하여금 이상을 꿈꾸고 세상을 변화시킬 꿈을 품게 하는 것은 돈으로도, 체벌이나 정의로도 불가능하다. 오로지 솔직한 자기 모습을 스스로 앞에, 신 앞에 단독자로 마주함으로써 가능하다. 그것이 성찰이다. 나의 역할은 아이들이 신 앞에서 성찰하고 회개하여 새로운 존재로 거듭날 수 있게 인문학의 거울로 그들의 얼굴을 끊임없이 비추어 주는 것이다. 언젠가 아이들의 삶에 변화가 일어나길 간절히 기도하면서. 그런 역할을 맡을 수 있음에 참 감사한 오늘이다.

죗값을
치른다는 것은

"톨스토이의 작품 〈대자〉를 읽었다. 밥을 대자(大짜)로 시켰다는 건가? 아니면 누가 대자로 뻗어 누웠나? 솔직히 책을 읽었는데도 무슨 내용인지 모르겠다. 하지만 착하게 살라는 내용인 것 같았다. 앞으로 정말 착하고 의롭게 살아야겠다. 끝!"

소유의 발표가 끝나자 다들 키득키득 웃음이 터졌다. 책 제목으로 라임을 맞추듯 글을 쓴 게 웃기다고 난리다. 책 내용과 전혀 무관한 그 짧은 글의 무성의함에 어지간히 읽고 쓰기 싫었나보다 싶으면서도 그 마음을 해학적으로 표현한 것이 돋보여서나도 웃으며 칭찬해 주었다.

아무래도 이번 책은 아이들에게 어려웠나 보다. 일곱 명의 글이 하나같이 "재미없었다", "무슨 말인지 모르겠다", "단어가 어렵다", "착하게 살아야겠다"라는 말로 끝이 나고 있었다. 아이들이 원체 독해력이나 어휘력이 좋지 않기 때문에 대부분의 글들이 간단한 줄거리 요약과 더 간단한 느낀 점으로 끝나긴 한다. 느낀 점 또한 깊은 성찰을 바탕으로 했다기보다는 억지로 글자수를 채우기 위한 것으로, "앞으로 선생님 말씀을 잘 들어야지", "사고 치지 말고 살아야지" 등의 상투적인 내용이 많다. 어쩌다가 가끔 자신의 관점이나 취향이 묻어나는 문장이 있으면 찾아내서 칭찬해 주려고 수업 시간 내내 나는 눈이 시뻘개져 있다. 아이들은 자기도 모르게 새어 나온 진심이나 생각을 시큰둥한 말투 속에 흘려보내려고 하고, 나는 그 작은 진심 하나를 발전시켜서 아이들의 사고력과 마음을 발달시키려고 말꼬리를 잡고 늘어지는 셈이다.

〈대자〉의 무엇이 그렇게 어려웠는지 물어보니 일단 '대자', '대부', '대모'라는 단어의 뜻을 알 수 없었고 이야기의 흐름과 교훈이 아이들에게 익숙한 패턴이 아니었던 것이 문제였다. 작품 속 주인공 대자는 대부의 말을 듣지 않고 죄를 저지르고, 속죄하기 위해 여행을 떠난다. 여기서 대자의 잘못은 악을 악으로 갚으려다가 세상의 악을 늘린 것이다. 사람을 아홉 명 죽인 연쇄살인범을 죽임으로써 살인범이 자신의 죄에 대가를 치를 기회를 앗아가 버렸고, 이제 연쇄살인범을 죽인 죄까지 대자가 짊어지게 되어 버렸다.

아이들에게는 대자와 연쇄살인범이 선악의 이분법으로 나누어지지 않았고, 어떻게 보면 정당방위를 했던 대자가 모든 죗값을 치르는 것이 공평하지도 않았기에 스토리의 흐름이 매끄럽게 연결되지 않았던 것이다. 뻔한 이야기에서 뻔한 느낌을 적어내는 데는 익숙했지만, 예상하지 못한 결말에서 새로운 교훈이나 주제를 찾아내기에는 안타깝게도 아이들은 책 읽기에 큰 관심이 없었다.

그런데 이것이 비단 아이들만의 문제는 아니라는 생각이 들었다. 예상대로 흘러가는 막장 드라마나 히어로 영화를 보며 권선징악의 통쾌함을 느끼는 것은 나 또한 마찬가지 아닌가. 등장인물이 제각각 나름대로 사정이 있어서 선과 악이 뒤죽박죽 섞여 나를 도덕적 딜레마에 빠뜨리는 심도 있는 이야기는 다 보고 나면 '그래서 어쩌란 거야?' 하는 마음과 동시에 기분마저 찜찜해진다. 나 또한 선한 사람이 아닌, 죄를 짓는 보통의 인간이라는 것을 알게 하기 때문이다.

나는 아이들이 죄에 대해 성찰할 수 있는 좋은 기회라는 생각이 들었고, 대자에 대해 어떻게 생각하는지 묻기로 했다. 그들의 마음속에서 선과 악, 착한 사람과 나쁜 사람, 죄를 짓는 것과 속죄한다는 것은, 어떻게 형성되어 있을까.

"너희들 생각에 대자라는 사람은 어떤 사람 같은지 이야기해 보자. 만약 이 작품을 읽지 않은 사람한테 대자를 설명한다면 뭐라고 말할 거야?"

"좀 멍청해요. 복수하려다가 자기가 다 뒤집어썼잖아요."

"잘 모르겠어요."

"악을 악으로 갚으면 두 배가 된다는 걸 몰랐으니까 저 같아 도 살인범 죽였을 거예요. 우리 엄마가 죽을 뻔했잖아요."

"멍청해요. 하지 말라는 짓을 했어요. 플래그인 걸 알았어야 죠."

"안타까운데 어쩔 수 없는 게 인생인 것 같아요."

다자이 오사무(太宰治)의 책 《인간실격(人間失格)》(민음사)에서 주 인공과 주인공의 친구는 술을 마시며 짧은 토론을 한다. 죄의 반대말은 무엇인가. '이 주제 하나에 대한 대답만으로도 그 사 람의 전부를 알 수 있을 것'이라며 신나게 대화를 나눈다. '선'을 생각해 보지만 선은 악의 반의어라서 탈락하고, 기도, 회개, 고 백 등 다양하게 떠올려 보지만 모두 죄와 유의어라는 생각에 주 인공은 고뇌한다. 친구는 '죄의 반의어는 꿀'이라며 언어유희를 즐긴다(일본어로 죄[罪]는 츠미[つみ], 꿀[蜜]은 미츠[みつ]이다). 그러다가 주 인공은 표도르 도스토예프스키(Fyodor Dostoevsky)의 《죄와 벌》(열 린책들)을 언뜻 떠올리고 흠칫 놀란다. 만약 도스토예프스키가 죄와 벌을 유의어로 생각한 것이 아니라 반의어로 병렬한 것이

69

었다면?

죄를 지었으면 벌을 받아야 한다는 관점에서 청소년회복지원시설은 돈을 낭비하는 기관이다. 교화를 목적으로 하지만, 누군가에게 그들은 범죄자일 뿐이며 소년원에서 벌을 받아야 마땅한데 돈을 들여서 여행도 가고, 영화도 보여 주고, 각종 수업도 하는 센터가 못마땅하다. 피해자의 편에 서야 할 법이 가해자를 싸고돈다는 인상도 준다.

아이들에게 물어봤다.

"죗값을 치른다는 건 어떤 의미일까? 우리 한번 돌아가며 이야기를 나눠 보자."

여러 가지 대답이 돌아왔다.

"감방 갔다 오는 거요."

"잘못한 그대로 돌려받는 거요."

"성인들은 감방 가고 애들은 소년원이나 시설에 가서 시간을 보내는 거요."

"스스로의 잘못을 깨우치고 뉘우치면서 고통의 시간을 가지는 거요."

"하나님 앞에서 뉘우치는 거요."

고통의 시간을 가지는 것이라는 대답이 가슴에 박혔다. 자신이 지은 죄의 무게를 실감하는 사람의 말이었기 때문이다. 그 말을 한 민지는 내일이면 퇴소하는 아이다. 센터를 나간 후 민지의 삶은 대자의 여행처럼 속죄를 위한 여정이 될까. 그렇지 않으면 악을 또 다른 악으로 갚으며 성인이 되기도 전에 죗값을 늘려 나가는 시간이 될까. 중학교 1학년 나이인 그가 부디 잘 살았으면.

마지막으로 민지의 글을 읽고, 민지에게 다 함께 한마디씩 해 주며 수업을 마무리하기로 했다.

"오늘은 톨스토이의 〈대자〉라는 책을 읽었다. 책 제목이랑 표지만 봤을 때는, '음, 왜 대자지?' 했는데 사실 읽고 나서도 모르 겠다. 솔직히 재미도 없었다. 그래도 그럭저럭 읽을 만했다. 이 책에서 나는 살인한 강도가 제일 기억에 남는다. 대자가 강도한 테 설교하면서, 자신은 명예를 위해 사는 사람이라고 하는데 그 게 강도의 마음을 움직였기 때문이다. 착하게 살라는 것 같았 다. 남보다 내 인생을 일단 착하게 살면 될 것 같다. 착하게 살 아야지."

민지의 낭독이 끝나고, 짧게 박수를 친 후 돌아가면서 민지에 게 말했다.

"사고 치지 말고 잘 살아."

"나가서도 밝게 지내고 다시는 여기 오지 마."

"언젠가 또 만나겠지만 그게 여기는 아니었으면 좋겠다."

"행복하고 성실하게 잘 살길 바랄게."

언니들의 말을 들으며 민지는 씩 웃기도 하고 의미심장한 눈빛을 주고받기도 했다. 짧고도 묘한 인연이 끝나고 있었다.

《인간실격》주인공의 말처럼 죄와 벌이 반의어라면, 물과 기름처럼 절대 섞일 수 없이 완벽하게 다른 것이라면 민지는 센터에서 생활하는 동안 벌을 받았던 것일까. 절대 죄를 지을 수 없는 공간에 격리되고 보호받으며 죄로부터 단절되었던 것일까. 인간이란 선과 악처럼 상반되는 개념을 마구 뒤섞을 수 있는 재주가 있기에 완벽하게 선한 인간도 악한 인간도 존재하지 않는다. 그렇기에 센터에서 다시 보지 말자는 것은, 멸균 지역 같은 이곳이 사실은 죄를 지은 사람과 죗값을 치르려는 사람으로 가득하다는 반증일 것이다.

민지가 짊어지고 있는 것의 실체가 무엇이든 간에, 그것으로부터 도망가려다가 더 큰 짐을 떠안지 않길 바란다. 고통으로부터의 회피가 곧 구원은 아니기 때문이다.

"민지야, 만나서 반가웠다. 하지만 이런 식으로 또 만나지는 말자."

다정함은
힘이 세다

"전에 제가 술집에서 알바를 했었는데요, 어떤 아저씨들이 계산할 때 되니까 소주병을 바닥에 숨긴 거예요. 돈 안 내려고. 제가 그거 찾아냈잖아요."

진상 손님들에 대한 이야기가 한창이다. 이제 겨우 열네 살에서 열여섯 살 정도인 여자아이들인데 별의별 아르바이트를 다 해 봤다. 오늘 수업하는 책 제목 '까대기'는 택배 상하차를 뜻하는 은어다. 《까대기》(이종철, 보리)는 작가가 실제로 일했던 경험을 소재로 그린 만화로, 아무도 알아주지 않는 고된 노동의 땀방울이 고스란히 담겨 있다. 그런 점이 아이들의 공감을 불러

일으켰다.

"진상들은 항상 돈을 안 내려고 해요. 제가 알바 했을 때 어떤 사람들은 음식이 맛없다고 돈을 안 내겠다고 했어요. 계속 우기던데요."

"음식 시켜 놓고 아예 버리는 사람도 있던데요. 진심 손 하나도 안 대고 그대로 두고 가더라고요. 그런 사람들은 돈이 많나 봐요. 아니면 취했나?"

"저는요, 그냥 일반 고깃집에 빵꾸 나서 대타로 서 줬었는데요, 어떤 늙은 할아버지가 갑자기 저를 부르는 거예요. 이렇게 막 손짓하면서. 그래서 가 봤더니, '자네, 몇 살인가?' 막 이렇게 묻는 거예요. 그러더니 음료수 따라 보라고 했어요. 이때까지 알바 하면서 있었던 제일 어이없는 일이에요."

은하, 이서, 연수, 지효가 차례로 자신이 겪은 손님에 대한 에피소드를 풀어 놓았다. 이렇게까지 자발적으로 많은 말을 하다니. 아이들이 살아온 풍경이 엿보이는 순간이다. 내면을 깊게 성찰해야 답할 수 있는 질문에는 항상 짧게 대답하다가 알바 해서 돈 버는 얘기에는 저절로 말이 많아진다. 그만큼 살면서 일을 끊임없이 했고, 힘들었던 순간도 많았기 때문이다.

"이제 조금 더 책 내용 이야기를 하자. 주인공이 까대기 일하는 걸 보면서 무슨 생각이 들었니? 연수 먼저 말해 볼래?"

"완전 힘들 것 같아요. 근데 한번 해보고 싶어요. 진짜 힘든 대신 운동이 되지 않을까요? 힘 기르면 좋잖아요. 아, 아닌가, 운동이랑 노동은 다른가. 아무튼 그랬어요."

다음으로 지효가 말할 차례다.

"저는 나중에 택배 시키거나 배달시키면 음료수 하나씩이라도 드려야겠다고 생각했어요. 진짜 너무 힘들다는 것을 알게 돼서요. 책에 보면 사람들 한 명 한 명이 진짜 많은 사연을 품고 있어서요."

"그래, 서로 힘든 걸 알아주고 조금씩 친절을 베풀어야지. 다들 아주 좋다. 이번에는 은하가 말해 볼까?"

"직업마다 사람들이 바라보는 시선이랑 인식이 있는데 알바 같은 것들은 그렇게 좋진 않잖아요. 약간 무시당하기도 하고요. 택배 없으면 진짜 안 되는데 택배 하는 사람들은 무시하니까, 그런 게 좀 바뀌어야 한다고 생각했어요."

우리 사회에는 다양한 혐오의 시선이 존재한다. 생물학자 찰스 다윈(Charles Darwin)은 《인간과 동물의 감정 표현》(사이언스북스)에서 인간의 기본 감정을 공포, 분노, 혐오, 슬픔, 놀람, 행복의 여섯 가지로 보았고 그중 혐오(disgust)는 "지각되거나 상상된 미각으로 주로 경험되며 다음으로는 후각, 촉각, 시각을 통해 유발된다"라고 적었다. 즉 다윈에 의하면 상한 음식, 바퀴벌레, 토사물 같은 것을 먹는다고 상상했을 때 드는 역겨운 느낌이 혐오다. 잘못 섭취했을 때 전염병을 옮길 수 있기에 본능적으로 나오는 생리적 반응인데, 이것이 사회문화적 의미로도 확장된다.

만약 특정 직업군을 혐오한다면 '내가 그런 직업을 가질까 봐 두렵다' 또는 '나에게 가까이 오지 않았으면 좋겠다'라는 심리가 기저에 깔려 있다고 할 수 있다. 내 몸을 전염시킬까 봐 구역질하듯이 몸을 사리는 것이다. 그래서 건강하지 못한 사회에서는 임금이 적거나, 사회적으로 보호받지 못하거나, 약자일수록 혐오의 대상이 된다.

"은하가 아주 예리하게 잘 봤구나. 힘들고 고되면서도 위험한 일을 사람들이 피하는 경향이 있는데, 그렇다고 그 일을 무시하면 안 되지. 조금씩 우리 사회 전반의 인식이 성숙해졌으면 좋겠다. 마지막으로는 이서가 말해 볼까? 이서는 책 속 주인공이 일하는 걸 보면서 어떤 생각을 했어?"

"대단하다고 생각했어요."

말한 뒤 생글거리며 웃는다.

"왜 그렇게 생각했는지 이유도 같이 말해 줄 수 있어?"

나는 아이들에게 언제나 이유를 덧붙여서 말하라고 한다. 생각을 논리적으로 말하는 연습은 소통 능력과도 연관이 되어 있기 때문이다. 자기 입장을 자세히 누군가에게 설명하다 보면 갈등이나 싸움의 여지가 줄어들고 때로는 오해도 풀 수 있다. 또한 상대방이 이해할 수 있게 말하려면 필연적으로 상대방의 입장을 헤아려야 한다. 펜이 칼보다 강하고, 말이 주먹보다 강할 수 있다는 것을 아이들이 느끼길 바란다.

"자기 꿈을 찾아서 가고 있잖아요. 서울에 혼자 살면서 돈 벌어서 만화가의 꿈을 이루려고 일하는 게 멋있어요. 저는 까대기는 안 해 봤지만 돈 버는 건 다 엄청 힘들다고 생각하거든요. 꿈을 위해 낮에는 택배 하고 밤에는 배추 같은 거 나르는 게 대단해요. 그리고 결국 꿈을 이루었다는 게 뭐랄까 기분이 이상해요. 만화가가 돼서 우리가 그 만화를 보고 있다는 게 그 사람이 멋있고 박수 쳐 주고 싶어요."

이서는 이 책을 꿈을 이루는 이야기로 보았다. 고된 노동도, 감내해야 하는 힘듦도 이서의 눈에는 전부 꿈을 좇는 여정이었다.

"저도 대단하다고 생각하긴 해요. 그 꿈이 얼마나 소중했으면 저렇게까지 했을까 궁금하기도 해요."

지효가 말했다.

"이때까지 했던 제일 힘들었던 알바가 고깃집 마감이었는데요, 전 그냥 돈 벌려고 한 거였어요. 꿈을 위해 산다는 게 어떤 느낌일지 잘 모르는데 엄청난 것 같아요. 이루는 것도 중요하지만 한번 그렇게 살아 보는 것도 복인가 봐요."

간절히 원하는 꿈을 좇을 때의 두근거림은 느껴 본 사람만 안다. 모든 것을 걸어도 좋을 만큼 절실하기에 어느 누가 무시하더라도 상처 받기보다는 그 원망을 원동력으로 다시 일어나게 되는 꿈 말이다. 모든 의심은 지워지고 마음속에 남은 질문은 단 한 가지, '얼마나 진심인가'다. 순도 100%의 진심으로 살아가는 사람은 다른 누구 아닌 자기 모습으로 살아간다는 충만감이 있다. 세상의 시선에 휘둘리거나 굴하지 않고 자신의 꿈을 지키고 있는 사람은, 고된 하루를 견딜 힘이 있는 강한 사람이다.

이토록 엄청난 '꿈'의 시작은 생각보다 사소하고 평범한 것일 수 있다. 예를 들어 어떤 일에 칭찬을 받았다든가, 인생의 유일한 낙이었다든가, 선생님이 마음에 들었다든가, 억울한 마음에 현실을 변화시키고 싶었다든가 하는 것들이다. 때로는 분노나 복수심 같은 감정이 발단이기도 하다.

아이들에게는 어떤 좋은 기억이 있었는지 물어보기로 했다. 진상 손님을 상대하면서 너무 일찍 세상 물정을 깨달아 버린 아이들은 세상의 나쁜 면을 지나칠 정도로 많이 알고 있다. 좋은 면도 끄집어내고 싶은 마음에, 나는 아이들에게 질문했다.

"아르바이트를 하면서 짧은 순간이라도 좋은 기억이 있었다면 한번 말해 볼까?"

연수가 입을 열었다.

"사장님이 매번 밥을 챙겨 줬어요. 중간에 손님 없을 때나 아니면 집 가기 전에 먹으라고 챙겨 줘서 그때 진짜 좋았어요. 고맙기도 했고요. 사장님이 좋은 사람이었어요."

지효도 비슷한 기억이 있다며 말하기 시작했다.

"저는 배스킨라빈스 알바 할 때였는데요, 사장님이 아이스크림 케이크나 포장된 작은 아이스크림 같은 걸 챙겨 줬어요. 집에 가서 먹으라고요. 아이스크림 푸느라 손목 아파서 일하는 건 힘들었는데요, 항상 손목 보호대를 했거든요. 통에 들어 있는 아이스크림이 거의 그냥 돌이거든요. 근데 챙겨 주서서 그때가 제일 좋았어요."

재판받는 아이 중에는 아르바이트 하느라 학교 출석 일수가 모자라는 아이들이 꽤 있다. 물론 재판받는 이유가 그게 전부는 아니지만. 어리다 못해 꼬마라고 불러도 좋을 나이에 학교도 안 가고 그렇게 고된 노동을 하며 위안이 됐던 것은 작은 다정함, '밥 먹고 가라'는 말이었다. 그 호의는 잊히지 않고 좋은 기억으로 간직되고 있었다. 물론 나쁜 기억이 훨씬 뇌리에 강하게 박히지만, 아이들이 나쁜 기억만 가지고 있지 않아서 다행이었다.

택배 기사님들에게 음료수 한 잔 드리는 호의, 아르바이트하는 어린 여자아이한테 밥 한 끼 챙겨 주는 소소하지만 위대한 다정함은 힘이 세다. 오늘 함께 수업한 지효, 연수, 이서, 은하에게 이곳 센터에서 경험한 친절함이 기억되길 바란다. 그 친절함이 세상의 수많은 진상, 혹은 그 어떤 사람들이 상처 주거나 유혹하더라도 흔들리지 않는 강한 진심이 되길. 또 한 번 고된 하루를 버티게 하는 꿈과 힘이 되길.

택배
기사님들께

음료수 한 잔
드리는 호의

소소하지만
위대한

다정함은

힘이

세다

거짓말쟁이의 말

"저는 거짓말을 좀 잘하는데요, 자신도 속여요. 그 거짓말을 믿어 버리기 때문에 남들한테 당당하게 말할 수 있는 거예요."

승희의 말에 모두가 말문이 막혔다. 항상 싱글벙글 웃으며 맨 앞자리에 앉아 누가 무슨 말을 하든지 고개를 끄덕이며 경청하는 승희는 적어도 수업 시간에는 협조적이고 언행이 부드러운 아이다. 여전히 생글거리는 얼굴로 너무 당당하게 자신의 기만적인 면을 이야기하는 것이 황당해서 나도 순간적으로 할 말을 잃었다. 주변 아이들 일곱 명은 승희를 빤히 쳐다본다. 위아래로 훑어보는 아이도 있고 턱을 반쯤 비튼 채 눈을 가늘게 뜨고 보는 아이도 있다. 썩 좋은 반응들은 아니다. 그런데 이어지는 승희의 말이 압권이다.

"그래서 저는 제가 여기 올 짓 안 했다고 생각해요. 재판받고 어른들이랑 얘기하면서도 계속 아니라고 했는데. 사실 뭐가 진짜이고 거짓인지 모르겠어요. 아마 제가 안 했을걸요?"

그냥 다른 이야기로 넘어갈까, 잠시 고민하다가 호기심에 한마디 거들었다.

"그래도 마음속 깊은 곳에서는 뭐가 거짓말이고 뭐가 진짜인지 알고 있는 거지?"

"저는 사실만 말하는데요."

무엇이 참인가, 어떻게 참과 거짓을 분별하는가는 늘 인류의 과제였다. 그 종류는 거짓말 탐지기로 진술을 판단하는 것, 사랑하는 사람의 본심을 확인하는 것, 내가 눈으로 보는 이 세계의 진실을 탐구하는 것 등 넓고도 깊다. 철학자들도 이 문제에 대해 다양한 생각들을 펼쳐 놓았는데, 예를 들어 토마스 아퀴나스(Thomas Aquinas)는 "참이란 지성이 사물에 부합하는 것이다"라고 말했다. 그에 따르면 승희의 잘못이 실제로 일어난 일이라면, 잘못을 저지르지 않았다는 승희의 말이 승희의 머릿속에서는 진실일지 몰라도 객관적으로는 거짓이라는 것이다.

사실 이럴 때 참 난감하다. 어쨌든 승희를, 센터 아이들을 대해야 하는데, 과연 이 아이들은 나에게 누구인가, 나는 이들을 어떻게 대해야 하나, 나 홀로 생각에 잠긴다. "거짓말은 나빠. 거짓말하지 마!"라고 말하면 나의 순진한 외침은 메아리가 되기도 전에 튕겨 나올 것이다. 그렇다고 거기다가 토마스 아퀴나스 이야기를 하면? 나의 공허한 외침은 아이들의 수면욕만 불러일으킬 것이다. 결국 승희는 나에게 딱 두 가지 선택지를 남겨 둔 셈이다. 거짓말쟁이의 말을 믿는 바보가 되거나, 자신을 솔직하게 표현한 학생의 말을 의심하는 선생님이 되거나.

나는 바보 같은 선생님이 되어 보기로 했다. 승희의 말을 귀기울여 듣되, 그 말이 참인지 거짓인지 판단하지 않기로 한 것이다. 판단의 몫은 승희와 아이들에게 되돌려줄 생각이었다. 오늘 수업의 주제를 '거짓말'로 잡아 보기로 했다.

"말이 나온 김에, 우리 '거짓말'에 대해 이야기해 보자. 우리가 오늘 읽고 얘기 나누는 책 제목도 딱 맞네."

책 제목은 《가짜감정》(김용태, 미류책방)이다. 도서 선정 방식은 센터마다 다르다. 어떤 곳에서는 내가 직접 책을 선정하는데, 지금 수업하는 곳에서는 센터장님과 생활지도 선생님이 책을 정해서 나에게 알려 주신다. 이번에는 센터장님이 《가짜감정》을 5주에 걸쳐 아이들에게 읽히겠다고 전화를 주셨다. 꽤 긴 책인데 한 주 만에 읽고 끝내자면 아이들이 목차만 대강 훑어보고 독후감을 쓰기 때문에 안 읽은 것과 거의 마찬가지라는 말씀이었다. 나는 이것이 상당한 도전이라고 생각했다. 그러나 아이들의 상황과 입장을 가장 잘 아는 건 24시간 생활을 함께하는 센터장님과 지도 선생님들이다. 호흡이 긴 책을 완독해 보는 경험, 센터장님이 아이들에게 전하고자 하는 메시지가 함축되어 있다는 생각이 들었다.

5주짜리 프로그램은 오늘로 3주 차에 접어들었다. 나는 '거짓말'을 책 《가짜감정》과 연관 지어 이야기를 전개해 나갔다.

"'가짜감정'이라는 것은 어떻게 보면 자기 자신을 속이는 거라고도 할 수 있을 거야. 그러면 사람은 어떨 때 거짓말할까?"

"찔리는 게 있을 때요."

"잘못했을 때요."

"마음에 안 드는 게 있을 때요."

"귀찮아서요."

"남한테 상처를 받았을 때요."

"슬플 때요."

"그냥 자기가 거짓말하고 싶을 때요."

"불리할 때요."

여덟 명의 아이가 돌아가며 각자 자기 생각을 말했다. 승희는 '불리할 때'라고 했다.

"그렇게 생각하는 이유도 말해 보자. 슬프거나 찔리거나 불리할 때 거짓말 말고도 다른 방법이 있을 텐데, 왜 하필 거짓말일까? 이번에도 왼쪽 끝부터 오른쪽으로 돌아가면서 말해 보자."

"나를 지키려고요."

"돈이 안 들어요."

"불리하면 모르는 척하려고요."

"대충 넘어가려고요."

"그냥요."

"슬프고 속상한 기분이 싫어서요. 안 그런 척하려다 보면 거짓말하게 돼요."

"그냥 거짓말하고 싶으니까요."

"상황을 나한테 유리하게 만들려고요."

센터에서 인문학 수업을 한다는 것을 알리면, 주변에서 자주 듣는 말이 있다. "걔네한테 너무 정 붙이지 마. 그러다 너만 상처 받아", "수업을 열심히 하는 건 좋은데 효과가 있긴 있는 거야?" 등이다. 나는 온라인 수업을 하기에 아이들과 물리적 거리가 있고 일주일에 한 번 한 시간이라는 짧은 시간이기에 사적인 대화를 나눌 기회가 많이 없다. 그러나 삶의 경험이 드러나는 수업 특성상 한두 마디로 거리가 확 좁혀지거나 애착이 생겨나는 순간이 있다. 반대로 아이들의 말을 들으며 조금이나마 아이들에게 갔던 정이 되돌아올 때도 있는데, 지금이 그렇다.

내가 먼저 물어봐 놓고서 그 말에 실망한다는 건 상당히 간사하다. 거짓말하지 않는 사람은 없고, 재판을 받지 않은 사람들 가운데서도 화려한 언변으로 능수능란하게 자기 이득을 취하

는 사람들이 아주 많기 때문이다. '말'이라는 것은 애초에 믿을
만한 것이 못 되지 않았던가. 혹시 내가 아이들에게서 범법자
의 흔적을 찾고 있었나? 아니다. 이 실망감은 애정을 주었던 상
대에게 느끼는 감정이다. 아이들이 변화하길 간절히 바라고, 매
수업 시간 전에 30분씩 아이들을 위해 기도한 시간이 초라하게
느껴졌다. 내게 주어진 두 가지 선택지 중 '선생님'에서 '바보'로
옮겨 갔다는 생각에 기운이 쭉 빠졌다.

그러나 속상함에 오래 머물러 있을 필요도 없고, 머물러서도
안 된다. 어쩌면 절대 바뀌지 않을지도 모르는, 이미 나쁜 짓을
한 아이들을 가르치는 일의 본질을 느꼈다고 생각하기로 했다.
밑 빠진 독에 물을 붓기에 바보 같아 보이지만, 아이들과 그들
이 앞으로 마주칠 사람들과 사회에게 조금이나마 도움이 되고
자 하는 사명감 말이다. 바보와 선생님은 동전의 양면이었다.

오늘의 수업을 마치고, 나는 〈욕망이라는 이름의 전차〉의 블
랑쉬가 떠올랐다.

"난 거짓말을 많이 해요. 여자의 매력이란 결국, 절반은 신기
루 같은 거 아닌가요. 하지만 사안이 중대할 때 나는 진실을 말
해요. 그리고 이건 진실이에요. 살아오면서 내 동생이든 당신
이든 그 누구도 속인 적이 없다는 거죠."

블랑쉬의 말이다. 그는 현실을 외면하고 환상 속으로 도피하
는 인물이다. 그는 거짓말로 자신을 치장한 것이 들켜서 사랑을

잃기도 했다.

"거짓말, 거짓말, 겉과 속이 모두 거짓말투성이에요."

사랑하던 남자가 말하자 블랑쉬는 이렇게 대답한다.

"속으론 절대 안 했어요. 마음속으론 거짓말한 적 없어요."

스스로 굳게 믿은 환상은 블랑쉬 안에서 이제 진실이 되어 있었다. 블랑쉬에게는 지긋지긋한 현실보다는 이상적이고 아름다운 환상이 삶의 원동력이자 그의 욕망이었다. 거짓이야말로 그에게 남은 단 하나의 대답이자 진실이었다.

저마다의 해답을 가지고 주관식으로 풀어 나가는 것을 인생이라 했다. 오답도 정답도 없는 인생 속에서 성인이 되기도 전에 이미 오답투성이의 시험지를 받아 든 것이 센터의 아이들이다. 그 오답의 이유가 그들의 존재 방식이 아닌 잘못된 행위 때문임을 아이들이 잘 알았으면 좋겠다. 무엇을 믿든 무엇을 사랑하든 개인의 자유이지만 타인에게 해를 끼치거나 법을 어기면 재판을 받게 된다. 또한 어차피 욕망과 환상 속에 살아가야 할 삶이라면 자신이 '원래 법을 잘 어긴다'거나 '거짓말을 잘한다'라는 쪽보다는 '선한 마음이 있고' '더불어 함께 잘 살아갈 수 있다'라는 쪽으로 욕망의 방향을 틀었으면 한다. 그리하여 사회에 나가서 그들을 보는 곱지 않은 시선과 낙인에 존재의 좌절을 겪고 그로 인해 또 다른 거짓말을 하지 않도록.

오른손이 되지 못한
왼손에게

우희가 왼손으로 자신의 이름을 예쁘게 썼다. 자기가 양손잡이라는 것을 보여 주며 모두의 감탄을 자아낸다.

"언니, 양손으로 동시에 쓸 수도 있어?"

"선 넘지 마라."

우희의 말에 은서는 깔깔거리며 웃는다. 우희도 은서를 한 번 흘겨보더니 씨익 웃는다. 아이들이 서로 친하다는 증거다. 은서는 왼손으로 무언가를 슥슥 쓰더니 카메라 앞으로 다가와 나에게 보여 준다. 옆에서 다른 아이들은 웃기다고 난리가 난다. 나는 은서가 뭘 썼나 보려고 거북목을 빼고 화면을 응시한다.

'왼손에게'라고 쓴 비뚤배뚤한 글씨였다.

"오늘 책 콘셉트에 맞게 저도 한 번 써 봤어요."

미숙한 손 떨림이 그대로 드러나는 찌글찌글한 모양새를 가리키며 은서가 말한다.

"아이고, 무슨 지렁이가 기어가는 줄 알았다."

나는 카메라를 가리키며 말했다.

오늘 수업하는 책 제목이 《왼손에게》(한지원, 사계절)이다. 《왼손에게》는 오른손과 왼손의 갈등과 화해를 그린 책이다. 왼손은 오른손이 척척 일을 해내는 것을 부러워한다. 반면 오른손은 자기가 더 많은 일을 맡고 있으며 왼손은 자기처럼 능숙하게 일 처리를 할 수 없는데도 시계, 팔찌, 반지는 독차지하는 것에 질투를 느끼면서 둘의 갈등이 깊어진다. 싸움으로 인해 오른손이 다치지만, 마지막에 가서는 둘이 손뼉을 마주치며 화해한다. 이렇게 사람이 아닌 것을 사람처럼 표현하는 '의인화'를 통해 현실에서는 일어나기 힘든 신비로운 설정으로 인간 세상을 풍자하거나 교훈적인 메시지를 전달하는 이야기를 우화(寓話)라고 한다. 따라서 우화를 읽을 때는 각각의 사물이나 동물이 어떤 인간 군상을 표현하는지를 역으로 해석하며 읽는 것이 중요하다.

"지금부터 오른손과 왼손이 각각 의미하는 바가 무엇인지 생각해 보자. 사람으로 따지면 오른손과 왼손은 어떤 사람들을 뜻할까? 5분 정도 시간을 줄 테니 생각한 후 발표하도록 하자."

5분이 지난 후 아이들은 각각 생각한 것을 발표했다.

"오른손은 대통령이고 왼손은 다른 공무원들이요. 명령 내릴 수 있고 좀 더 중요해 보이는 게 오른손 같아서요."

"저는 오른손, 왼손이 어떤 사람이라기보다 그냥 제 생각을 써 봤는데요. 오른손은 심장이고 왼손은 뇌인 것 같아요. 물론 오른손잡이 기준으로요. 둘 다 중요하고 없으면 안 되지만 뇌사 상태가 되면 식물인간으로 살아갈 수는 있으니까요. 그런데 심장이 안 뛰면 그냥 죽잖아요. 생존을 생각했을 때 오른손은 심장이고 왼손은 뇌인 것 같아요."

"왼손은 공부와 일이고 오른손은 눈 코 입을 비롯한 내 몸이라고 생각합니다. 왼손도 중요하긴 한데 특별히 신경 안 써도 살 수는 있기 때문입니다. 그런데 오른손은 없으면 상당히 불편하고 일상생활 자체가 안 됩니다. 인생 사는 데 뭐가 진짜 중요한가를 생각해서 오른손과 왼손을 구분해 봤습니다."

"간호사가 왼손이고 의사가 오른손이에요. 이유는 잘 모르겠고 그냥 그런 느낌이 들어요."

"오른손은 재능 많은 매니저나 메이크업 아티스트고 왼손은 오른손의 도움을 받는 셀럽이요. 셀럽은 일을 많이 안 하지만 좋은 대우를 받으니까요. 핸드크림을 오른손이 발라주고 매니큐어도 오른손이 잘 바른다는 책 내용을 보면서 생각났어요."

같은 책을 읽어도 다른 생각을 한다. 인문학 수업은 책의 내용과 다른 사람의 말을 통해 세상을 바라보는 여러 관점을 배우고 자신만의 관점을 발전시키는 것을 가능하게 한다. 혼자 책을 읽을 때는 기대할 수 없는 효과다. 또한 생각이란 것은 머릿속으로는 막연하고 두루뭉술했다가도 글로 쓰거나 입으로 말하면 스스로 명확해진다. 그리고 그것에 대해 다른 사람들의 피드백을 받으면 더욱 객관적으로 자기 생각과 관점을 돌아볼 수 있다. 아이들은 왼손과 오른손의 역할 차이와 질투의 감정을 자기만의 방식으로 읽어 내고 표현하고 있었다. 이것은 아이들의 글에서도 잘 드러난다.

지현이는 책의 제목을 따서 왼손에게 보내는 편지를 적어 왔다. 자신이 오른손의 입장이 되어 가깝고도 먼 친구인 왼손에게 하고 싶은 말을 쓴 것이다. 지현이는 책 속에서 현재의 자신에게 도움이 될 만한 글귀나 내용을 찾아내는 재주가 있다. 아마 더 나은 사람이 되고 싶다는 그의 간절함이 그런 재주를 발휘하게 했으리라. 지현이는 센터에서 나가면 부모님과 관계도 회복하고 싶고 마음을 나눌 만한 친구도 사귀고 싶다며, 오른손과 왼손이 화해하는 모습을 잘 배워 놨다가 써먹겠다고 했다.

은서는 두 손이 화해하는 계기에 초점을 맞추어 글을 써 왔다. 왼손과 오른손의 싸움으로 인해 다친 오른손의 빈 곳을 채우려고 왼손이 열심히 일해 보았으나 오른손처럼 할 수는 없었고, 왼손이 모기에 물리자, 오른손이 와서 긁어 준 것이 화해의 계기가 됐다는 점이 인상 깊었다고 했다. 또한 서로 마주 보고 박수 치며 화해하는 마지막 장면에서 손들이 서로의 중요성을 그제야 깨달았을 것 같다고 했다.

세미는 늘 오른손 같은 사람이 되고 싶었는데 그럴 수 없었던 자신이 떠올랐다고 했다. 그러나 왼손이 없으면 오른손도 제 기능을 다하지 못한다는 점을 떠올렸다. 오른손잡이인 자신에게 왼손이 없다면 어떨지 상상해 봤더니 굉장히 불편할 것 같았기 때문이다. 눈에 보이지 않는 노력과 기여를 중요하게 생각하지 않았는데 앞으로 중요하게 여겨 볼 것이라고 다짐했다. 또 세상에는 각자의 역할이 있기에 비록 그것이 주인공 역할이 아닐지라도 자신에게 맡겨진 책임에 최선을 다해야겠다고도 했다.

은서와 세미는 기억에 남는 문장으로 동일한 문장을 꼽았다.

"왼손은 열심히 했다. 꾀부리지 않고 최선을 다했다. 그러나 오른손처럼 할 수는 없었다."

왜 이 문장이 가장 기억에 남냐는 질문에 아이들의 대답은 다음과 같았다.

"누군가를 질투하면 항상 좌절했던 것 같아서요."

"저는 질투하다 보면 상대방도 미워지지만 저 자신이 더 싫어져요. '나는 왜 쟤처럼 못 하지?' 이렇게 생각하다 보면 절망적이에요. 그러다가 혼자 상처 받고 불공평한 세상에 복수하고 싶고요. 저도 나름대로 열심히 한 건데."

나는 기형도의 시 〈질투는 나의 힘〉을 떠올리지 않을 수 없었다.

"내 희망의 내용은 질투뿐이었구나/그리하여 나는 우선 여기에 짧은 글을 남겨 둔다/나의 생은 미친 듯이 사랑을 찾아 헤매었으나/단 한 번도 스스로를 사랑하지 않았노라"

〈질투는 나의 힘〉의 마지막 부분이다. 청춘의 시기를 이것저것 시도하며 열정적으로 보냈지만 결국 그 소망은 내가 현재 가진 것과는 무언가 다른 것을 선망하는 질투였다는 것, 평생 사랑을 찾아 헤맸으나 정작 자기 자신을 사랑하지 못했다는 탄식이 드러나 있다. 무언가를 추구하는 것 자체가 청춘이고 인생이다. 그러나 현실의 자기 모습을 사랑하지 못하는 마음은 질투에 지나지 않을 수 있다.

그렇다면 타인과도 자신과도 화해하는 것이 필요하다. 질투가 절망과 파국으로 번지지 않으려면 말이다. 나는 아이들에게 화해의 손을 내미는 짧은 글을 써 보자고 했다. 현지가 왼손에게 보내는 편지를 쓴 것처럼, 나를 힘들게 했던 누군가에게 보내는 화해의 편지를 두세 문장 정도 적을 시간을 이번에도 5분 정도 주었다. 아이들은 각각 다른 상황과 사람에게 글을 썼다. 끝맺지 못해 마음에 무거운 짐으로 남아 있는 관계를 떠올렸을 것이다. 아이들이 그들 마음에 박힌 그 묵직한 가시들을 직면하고 올바른 방식으로 떨치길 바라며 발표를 들었다.

"언니가 미안해. 요새 생각해 보니 네 말이 이해 가. 언니가 돼서 동생 입장 이해해 보려고 노력도 안 했네. 너한테 화내고 나서 마음이 많이 안 좋았어. 앞으로는 싸우면 화내기 전에 서로 이해해 볼 시간을 가져 보자."

은서의 글이다. 동생에게 보내는 편지였다.

"너랑 있었던 일 생각하면 후회만 되더라. 센터에 들어온 지금도 후회돼. 시설 나가면 새로운 내가 될 거야. 후회할 일은 덜 하면서 살 거야. 너도 더 성숙한 모습이 돼서 실수 덜하고 살길 응원할게. 정말 미안하다."

우희는 학교 친구를 생각하며 적었다고 했다.

세미는 다른 친구들과 결이 많이 다르게 적었다며 쭈뼛거렸다. 법정에서 사람들 앞에서 발표하는 걸 상상했는데 막상 읽으려니 쪽팔린다고 했다. 괜찮다고, 글은 자유롭게 쓰는 것이니 얼마든지 읽어 보라고 했더니 세미는 잠깐 주저하다가 발표했다.

"저는 제가 창피합니다. 이런 상황을 만든 제가 낯부끄럽습니다. 앞으로는 절대 이런 일을 벌이지 않을 것입니다. 저를 용서해 주십시오. 성숙한 어른이 되고 싶습니다. 한 번만 기회를 주세요. 건강한 사회를 위해 힘쓰겠습니다."

지현이의 글은 부모님께 보내는 편지였다.

"엄마, 아빠, 우리 사이가 좋았다가 나빴다가 그래서 많이 힘들었잖아. 내가 살 의지도 없고 항상 우울해하기만 해서 미안해. 나 더 이상 속 안 썩일게. 여기 센터 나가면 자격증도 따고 고등학교도 졸업하고 사고 절대 안 칠 거야. 그때까지 꼭 기다려 줘. 나 버리지 마. 나도 사랑해."

아이들의 글에서 죄책감과 수치심이 묻어 나왔다. 죄책감이 행위에 대해 떳떳하지 못한 느낌이라면 수치심은 존재에 대한 감정이다. 어느 쪽이든 과거에서 비롯된 것이지만 그 흔적은 삶에 짙게 남아 오늘을 좌우한다. 사로잡히지 않으려면 화해해야 한다. 책에 나온 것처럼 각자에게 맡겨진 일과 자기 행동에 책임을 지고 기형도의 시처럼 자신을 사랑해야 미래를 향할 수 있다. 아이들이 비록 오른손처럼 될 수 없더라도 좌절하지 않고, 미워하고 질투하던 누군가와도 꼭 화해하길 바란다. 그것이 친구든 부모든 이 세상이든 말이다. 그리고 책과 사람을 통해 세상을 바라보는 자신의 고유한 관점을 찾아내서 자기만의 인생을 살았으면. 남을 선망하거나 괴롭히기보다는 스스로를 사랑했으면.

2부

희망으로 가는 길

만난 적 없는

보노보노의 위로

"신은 저를 저주하나 봐요. 한 번씩 저는 제 삶이 저주받았다고 생각해요. 신이 나를 미워하지 않는다면 인생이 이렇게 끔찍할 수는 없어요."

지현이가 말했다. 저주, 그것도 신에 의한 저주라는 표현은 도저히 자신의 힘으로는 풀 수 없는 고통의 미스터리가 삶을 옥죄고 있다는 뜻일 것이다.

"지현이가 생각하는 신은 어떤 존재야?"

공감보다는 질문을 택했다. 그건 내가 지현이의 아픔에 관심이 없어서가 아니다. 오히려 그의 말과 글에서 가감 없이 드러나는, 현실을 변화시키고 싶은 몸부림을 알기에 지현이 생각의 지평을 넓혀 주고 싶었다. 고개를 끄덕이는 공감은 방향을 제시해 주진 못한다. 또한 자기 인생을 비관하며 매 시간 토해 내는 그 슬픔에 같이 몰입하다가는 나도 좋지 못한 영향을 받을 것을 알기에 스스로 주의하는 것이다. 나는 감정의 전이가 쉬운 인간이다. 센터 수업을 시작한 초반에는 수업이 끝나고 몇 시간씩 누워 있었는데 지나치게 아이들의 상황과 말에 몰입했기 때문이었다. 기가 빨린 것을 넘어 일상생활에 지장이 가기 시작하자 그때부터 수업 시간에 힘을 빼는 걸 연습했다. 나는 그들에게 인문학 선생님이지 모든 인생 이야기를 다 들어줘서 삶을 바꿔 줄 수 있는 사람이 아니다.

"제 생각에 신은 잘못하면 벌을 주고 잘하면 상을 주는 존재예요. 산타 할아버지가 우는 아이에게 선물을 안 주는 것처럼요. 제가 잘못 살아서 이렇게 힘든 것 같은데 제가 아주 어렸을 때부터 인생이 힘들었거든요. 마치 제가 잘못되길 바라듯이 불행한 일들만 많았어요."

그 말을 듣던 수지가 오른손을 번쩍 들어 올렸다. 발표하고 싶다는 뜻이다. 나는 수지에게 하고 싶은 말을 해 보라고 했다.

"듣자 하니 사람이 참 다르네요."

말을 이어 나간다.

"슬픈 건요, 말한다고 없어지는 게 아니에요. 오히려 온 마음으로 끝까지 슬픈 걸 느껴야 벗어날 수 있어요. 남들한테 백날을 말해 봐야 계속 불행할걸요. 마음이 아프다 못해 나중에는 몸이 부서지는 것처럼 아파야 해요. 다른 사람들한테 자기 힘들다고 말하는 건 둘 중 하나예요. 자기만 힘든 척하고 싶거나, 아니면 슬픈 기분이 싫어서 남한테 던져 버리고 자기는 편해지고 싶은 거예요."

여느 때보다 묵직하게 소용돌이친다. 지현이와 수지의 대화는 서로 다른 생각과 감정들로 교차하고 또 멀어지며 나선형의 소용돌이로 고조되고 있었다. 합의를 이끌어 낼 수도, 이끌어 낼 필요도 없겠다는 판단하에 나는 아이들의 독후감으로 시선을 돌렸다. 분위기를 환기하기 위함이었다. 수업에 참석한 또 다른 아이인 별이의 글을 읽기로 했다.

별이는 오늘의 책인 《보노보노의 인생 상담》(이가라시 미키오, 놀)을 어떻게 읽었을까. 보노보노는 동물 캐릭터로, 파란색 해달에 귀여운 모습을 하고 있다. 동물 친구들과 일상을 보내며, 다정하면서도 진솔한 인생 이야기를 잔잔하게 풀어서 들려준다. 사회를 풍자하기도 하고 독자들에게 위로와 깨달음을 건네기도 한다.

"저는 이 책이 아주 흥미로웠어요. 동물 캐릭터들이 고민 이야기를 나누는데 마치 캐릭터들이 나에게 고민에 대한 답을 내려 주는 것처럼 느껴졌거든요. 만화 속 등장인물이 실제 독자들을 향해 말을 거는 것 같아서 너무 흥미로웠어요. 기억에 남는 이야기도 좀 많아서 어떤 내용을 글로 쓸까, 무척 고민을 많이 했던 것 같아요. 최종적으로 고른 것은 '진정한 나란 무엇일까?' 예요. 요즘 제가 고민하는 내용이기 때문이에요. 저는 나라는 사람이 진실하지 못한 것 같고, 마음과 머리가 따로 놀고, 남들한테 보여 주는 모습이 그때그때 달라요. 그래서 연기하면서 사는 기분입니다. 이런 저에게 보노보노는 이렇게 말해 주었습니다.

'이 사람은, 헤매고 싶지 않은 거라고 생각해.'

보노보노의 말이 너무나 맞는 말이었습니다. 저는 헤매고 싶지 않아서, 실수하거나 쓸데없는 일에 휘말리고 싶지 않아서 진정한 나를 숨기는 거거든요. 마지막으로 이 책을 읽으며 제가 생각한 것은, 모든 사람은 고민이 있을 거라는 거예요. 다른 사람에게는 아무리 사소해 보여도 그 사람에게는 인생을 좌지우지할 만큼 큰 고민일 수 있겠다는 느낌이 들었습니다."

수지와 지현이는 별이의 글이 별이의 생각을 잘 드러냈다고 피드백했다. 그 내용처럼 이제까지를 돌아보면 시기마다 고민의 내용은 바뀌지만 고민이 없던 적은 없었다며, 지나고 나면 별것 아닌 것도 그 당시에는 가슴이 답답할 정도로 자신을 짓눌렀다고도 말했다. 아울러 지금 자신을 힘들게 하는 상황과 고민이 언젠가 지나가서 추억이 되었으면 좋겠다고 했다.

다음으로는 수지의 글이다. 수지는 자신만의 취미를 계발하는 것에 초점을 맞추어 글을 썼다.

"어린 시절, 보노보노를 정말 귀엽게 본 기억이 있다. 어렸을 때 재미있게 보다가 나이를 먹으며 일상생활에 치여 잊고 살았는데, 인문학 수업으로 또다시 만나게 되어 반가웠다. 처음에는 제목만 보고 '이 우스꽝스럽고 귀여운 캐릭터가 어떻게 인생 상담을 해 줘!'라는 생각이 들었다. 하지만, 읽다 보니 그런 생각은 점차 사라졌다. 제일 기억에 남았던 사연은 '심심할 때, 혼자 즐길 만한 취미가 있을까요?'였다. 사람들이 나보고 취미를 만들라고 말할 때가 정말 많은데, 생각을 곰곰이 해 봐도 취미로 할 게 너무나도 없다. 취미란 건 뭘까. 단순히 좋아하는 것일까? 나는 취미도 없고, 찾기도 어려워서 저런 질문을 하고 산다. 너부리가 이 질문에 답을 해준 것 같아 인상 깊었다. 취미는 찾아서 하는 게 아니라 자기도 모르게 빠져드는 것이라고 했다. 좋아하지도 않는데 하는 건 그저 배우기라고. 참 도움이 많이 되었던 책이다."

수지 글에 대해 별이와 지현이가 느낀 점을 말할 차례다. 둘은 수지가 꼭 언젠가 깊이 빠져들 만한 취미를 발견했으면 좋겠다고 말했다. 진심으로 좋아해서 자기도 모르게 열심히 취미 생활을 하면서 행복하길 바란다는 말도 덧붙였다.

《보노보노의 인생 상담》을 읽으며 별이는 '진정한 나'를 찾는 것, 수지는 취미를 발견하는 것, 지현이는 생의 의지를 다잡는 것에 초점을 맞춰 글을 써 왔다. 각자가 현재 고민하는 목차를 인상 깊게 읽고 독후감을 써 온 것이었다. 고민한다는 것은 좋은 일이다. 질문이 없다면 대답도 없기에 우리가 변화하고 삶의 방향을 설정할 때 '질문하기'는 필수적이다. 미국의 기독교 철학자 프란시스 쉐퍼(Francis A. Schaeffer)가 말했듯 "솔직한 질문은 솔직한 답변을 가져온다"(honest answers to honest questions).

성경 인물 '욥'은 인간의 모든 고통이 인간의 잘못이라는 '신정론'(theodicy)에 정면으로 반박한다. 욥에게 재앙 내리는 것을 하나님께 허락받은 사탄은 욥의 재산과 자식들의 목숨을 모조리 앗아 간다. 의인이었던 욥은 건강마저 악화하며 모든 것을 잃어버린다. 욥의 친구들은 욥에게, '네가 뭔가 잘못했으니까 전지전능하신 하나님께서 벌을 내리셨을 것'이라 말하며 욥과 설전을 벌인다. 욥은 절규하며 하나님께 고통의 이유를 묻는다. 태어나지 않았다면 좋았을 것이라며 하나님 앞에서 울고 악을 쓴다. "어찌하여 내가 태에서 죽어 나오지 아니하였던가. 어찌하여 내 어머니가 해산할 때에 내가 숨지지 아니하였던가"(욥 3:11).

언제나 하나님 앞에 바로 서 있던 의인 욥은 마침내 회복하고 많은 축복을 받아 다시 부흥한다. 고통 속에서 자책하며 무기력하게 주저앉기보다는 하나님 앞에 나아가 답을 구하고 절규했던 욥처럼 아이들의 솔직한 질문이 책과 삶 속에서 솔직한 답을 얻어 낼 것이다.

그때 지현이가 책을 뒤적거리더니 펼쳐서 앞쪽으로 보여 주었다.

"이거 수지가 말한 거예요. 너 책에서 보고 말한 거야?"

"아니, 나는 그런 내용을 내가 읽었는지도 몰랐어. 그냥 내 생각 얘기한 거야."

지현이가 펼쳐 보인 글씨는 다음과 같았다.

'슬픔에 익숙해지려면, 제대로 슬퍼해야만 해.'

자꾸 남들한테 하소연하지 말고 절절하게 느껴야 마침내 극복하고 나아갈 수 있다는 수지의 말과 상통하는 글귀였다.

"저는 늘 죽고 싶다고 말했어요. 근데 사실 행복해지고 싶었어요. 우리 집이 아주 평범한 가정이길 바랐고요. 근데 제 주변에는 나를 따돌리거나 갖고 노는 애들, 성관계를 강요하는 사람들, 큰 기대나 하는 망가진 가족밖에 없어요. 그래서 너무 외로워요. 그냥 사는 게 혼자여서 외로운가 봐요. 보노보노 말처럼 한 번 슬픔을 깊이 느껴 보려고요. 보노보노의 인생 상담이 제 삶을 연장해 줄지도 모르니까요."

수지가 말한다.

"인생은 원래 외로운 거야."

"나는 나만 그런 줄 알았어."

힘들 때 누군가 고민을 들어주고 공감해 주면 큰 힘이 되지만, 사람한테 의지하고 털어놓는 것에는 한계가 있다. 가까이다가갔다고 생각할수록 그 사람과 내가 타인이라는 경계를 깨닫는 순간 더욱 외로워질 테니까. 그 외로움을 떨치기 위해 말을 많이 하는 것은 도움이 되지 않는다. 나를 만든 신 앞에 나아가 솔직한 질문을 던지고 끝내 대답을 얻을 때까지 나의 고통을 향한 애도의 시간을 보내야 한다. 나선형으로 뻗어 나가는 고민이 뾰족한 못처럼 일상에 튀어나와 나와 타인을 괴롭히게 내버려두지 않기 위해서라도. 굳은 다짐으로 자신을 다잡는 것이다. 살이 찢기는 듯한 고통 가운데서 욥이 의로움을 잃지 않으며 하나님 앞에서 홀로 절규했듯이. 아이들이 질문에서 답으로 가는 그 길에 지혜와 위로를 준 보노보노에게 고맙다.

만난 적 없는
희망

"귀여운 주디, 내가 키다리 아저씨라는 걸 짐작 못했어?"

설렌다고 난리다. 아이들 다섯 명 중 두 명이 가장 기억에 남는 문장으로 키다리 아저씨의 정체가 밝혀지는 위의 대사를 골랐다.

"저 말이 나오는 순간 꺅 하고 소리 질렀어요. 완전 설레요."

"키다리 아저씨가 저비 도련님인 줄도 모르고 키다리 아저씨한테 쓰는 편지에 저비 얘기를 하는 주디가 귀엽기도 하고 뭔지 모를 긴장감과 설렘이 느껴져서 좋았어요. 순정 만화 남자 주인공 등장 신 같아요."

"머릿속에서 목소리를 계속 상상했어요. 제가 다 두근두근했어요."

"귀여운 주디라잖아요. 귀엽다잖아요."

희선이는 살포시 주먹을 쥐어 볼 아래쪽에 가져다 댄다. 물분자 같은 포즈로 설레는 마음을 표현한다. 지현이는 영화 〈늑대의 유혹〉에서 강동원 배우가 우산을 들고 여자 주인공에게 등장하는 장면에 빗대어 말한다. 아이들 모두가 책을 재미있어한 이례적인 날이다.

사실 《키다리 아저씨》(진 웹스터, 더모던)로 수업하기로 했을 때 이런 반응은 전혀 예상하지 못했다. 십 대에서 이십 대로 이르는 주인공 주디의 나이가 아이들과 비슷하고 워낙 명작 소설이니 한 번쯤 읽으면 좋겠다 싶었고 당찬 성격의 주디가 인생을 개척해 나가는 모습이 아이들에게 긍정적인 영향을 끼칠 것을 기대한 게 전부였다. 수업을 시작하고서 듣고 보니 이 책은 로맨스가 큰 비중을 차지하는 이야기였다.

모두가 로맨스로 설레 있을 때, 은서는 그렇지 않았다. 키다리 아저씨와 주디의 관계가 딱히 사랑이라고 느껴지지 않는다고 하여 다른 아이들의 시선이 집중되었다.

"제가 주디였다면 키다리 아저씨의 후원이 사랑으로 느껴지지는 않았을 것 같아요. 저에게는 동정처럼 느껴져서 오히려 싫었을 거예요."

"동정도 사랑이 될 수 있지 않아?"

세미가 물었다.

"나는 안 그래. 난 누가 나를 불쌍하게 보는 게 싫어. 좋아 보이고 멋있어 보이는 게 사랑이라고 생각해."

세미와 은서의 의견 차이가 명백해졌다. 생각의 차이는 다양함에 대한 탐구로 이어진다. 단, 각자의 생각이 비롯된 삶의 맥락에 관심을 가질 때에 한해서다. 맥락과 근거가 없다면 의견의 대립과 갈등이 생겨나고 자칫 잘못하다가는 끝나지 않는 말싸움으로 이어질 수도 있다. 나는 서로의 차이가 어디에서 오는지를 생각해 보자고 했다.

"은서의 생각에 세미는 왜 둘의 관계가 사랑이라고 생각하는 것 같아? 책의 내용과 세미가 쓴 독후감에 근거해서 이야기해 보자."

"음, 세미 언니가 쓴 글을 보면 언니는 감정 이입을 잘하는 것 같아요. 주디가 키다리 아저씨의 모습을 궁금해하면서 혼자 초상화를 그리는 장면을 보면서 그 호기심에까지 공감하는 걸 보면 언니는 주디한테 이입하고 있다는 생각이 들어요. 주디는 키다리 아저씨를 사랑해서 나중에 결혼까지 하니까 세미 언니도 사랑이라고 생각했을 것 같아요. 저는 주디가 이해가 안 되는데 언니는 주디를 이해하니까요."

어른스러운 말이다. 자신과 다르다고 매도하지 않고 나름대로 이해하려 노력하며 타인의 입장이 되어 보는 것은 은서의 사려 깊음이기도 하지만 '함께 책 읽기'의 효과이기도 하다. 문학은 우리를 이어 준다. 가상 세계의 지어낸 이야기지만 작품에 나타나 있는 다양한 감정들을 통해 독자들이 서로 이해하고 차이를 좁히도록 도울 수 있기 때문이다. 문학은 허구의 세상이지만 현실에 영향을 끼치고 실제 우리의 삶을 변화시킬 힘이 있다.

"너무 좋다. 그러면 이번에는 세미의 의견을 들어 보자. 은서는 왜 주디의 사랑을 못마땅해하는 걸까? 은서의 글과 책을 보면서 말해 볼래?"

세미가 입을 연다.

"은서 글에 이런 문장이 있어요. '나는 주디의 사랑이 지킬 수 없는 사랑 같아서 마음이 아프다. 편지에 쓰인 내용으로 보아 주디는 아저씨를 아주 많이 사랑하고, 기다리고, 믿는다. 그게 보여서 너무 슬프다. 주디가 불쌍하다.' 아마도 은서는 주디가 너무 진심으로 사랑하고 있어서 그러지 않았으면 했던 것 같아요. 진심은 다치기 쉬우니까요."

세미의 말에 공감이 되는지 은서에게 물어보았다. 은서는 세미 말이 맞다고 했다.

"저는 자존심이 세고 사랑에 의심이 많아요. 주디에게는 키다리 아저씨가 태어나서 처음으로 사랑과 관심을 준 사람이지만, 키다리 아저씨에게 주디는 그리 특별하지 않은 고아일 수 있어요. 그런 걸 생각하면 저는 주디가 아저씨를 사랑하지 않았으면 해요."

다치기 쉬운 진심은 주디의 것이지만 은서의 것이기도 했다.

다음으로는 소설에서 드러난 키다리 아저씨가 주디에게 어떤 존재였는지 이야기를 나눠 보았다. 주디의 삶을 후원하고, 사랑을 가르쳐 주고, 주디를 변화시킨 그를 아이들은 어떻게 생각할까.

지현이는 첫 친구이자 첫 연인이라고 했다.

"주디가 일상을 편지로 공유할 수 있는 친구이자 나중에는 마음을 확인하고 연인 관계로 발전하니까요."

희선이는 '좋은 사람'이라고 했다.

"모든 사람이 누군가를 도와주는 건 아닌데, 키다리 아저씨는 주디를 후원해 줄 만큼 마음이 따뜻한 인물이라고 느껴져요."

세미는 사랑하는 사람이자 가족이라고 했다.

"외롭고 힘들었던 시기에 주디를 마치 자기 일처럼 도와줬고 나중에는 결혼해서 진짜 가족이 되는 걸 보고 '저게 진짜 가족이구나' 싶었어요. 또 책에 '제가 누구의 것이 된다는 것은 아주, 아주 달콤한 듯합니다'라는 문장이 있는데 이건 가족한테 할 수 있는 최고의 사랑 고백이라고 생각해요."

우희는 구원자라고 했다.

"주디의 힘든 삶을 바꾸어 주었으니까요. 주디가 찾아 나선 것도 아닌데 키다리 아저씨가 주디한테 왔고요."

마지막으로 은서는 희망이라고 했다.

"가슴 벅차게, 하지만 하염없이 기다려야 하고, 너무 믿다가는 상처 받을 수도 있어서요."

은서는 말을 이어 나갔다.

"주디가 쓴 편지에 '그리고 저는 잠시도 당신을 섭섭하게 하지 않을 거예요'라는 말이 있는데 주디가 아저씨에게 매달리고 있는 게 짠해요. 마치 희망을 놓지 못하는 사람처럼요. 키다리 아저씨는 돈과 관심을 준 대신 주디의 모든 진심을 가져갔어요. 그래서 좋은 사람이지만 도저히 좋아할 수 없는 사람이에요. 주디가 더 나은 사랑을 하길 바라요."

가만히 듣고 있던 희선이가 입을 열었다.

"저도 은서랑 비슷하게 희망이라고 생각했던 부분이 있어요. '주디'라는 자기 이름이 마음에 든 이유가 그 이름이 온 가족의 귀여움을 받고 구김살 없이 자라는 파란 눈의 상냥한 소녀나 가질 법한 이름이기 때문이라고 하잖아요. 자기는 그렇게 되지는 못하겠지만 이름이라도 가지고 싶다는 거잖아요. 그 부분이 마치 가져 본 적 없는 희망을 바라는 사람 같아서 가슴 아팠어요. 그런 주디한테 키다리 아저씨는 희망이겠죠."

주디와 키다리 아저씨를 단순한 남녀 관계를 넘어서 희망이 찾아온 이야기로 본다면 책을 훨씬 입체적으로 이해할 수 있을 것이다. 실체를 알 수 없지만 가슴 벅차게 하는 존재. 그 얼굴이 궁금해서 초상화를 그려 볼 만큼 그립고 기다려지는 존재. 늘 곁에 있었지만, 본모습을 드러내는 순간 긴장과 떨림을 동시에 주는 존재.

"저는 이때까지 살면서 키다리 아저씨 같은 사람 근처에도 못 가 봤어요. 그러나 그런 사람이 진짜 있다면, 그게 전부 다 진심이고 앞으로도 변하지 않는다면 이 세상이 좀 살 만한 곳이겠죠."

은서가 말했다.

희망이 언제나 미래형이었던 아이들에게 현실이 될 수 있을까. 나는 허구의 이야기인 문학이 우리 삶을 바꾸듯, 만난 적도 없는 희망이 아이들의 오늘을 변화시킬 수 있다고 믿는다. '희망'이라는 것이 애초에 가능성이 희박하고, 믿다가 상처 받을지언정 포기할 수 없는 것을 부르는 이름이기 때문이다. 마치 주디의 이름처럼 말이다. 아직 만나지 못한 희망이라는 이름을 가진 누군가에게, 아이들이 당신을 만나기 전과 후로 내 인생은 바뀌었노라고 말할 수 있길 바란다.

얼굴 한 번 본 적 없는 너를 그리워하다가 내 삶이 변화했다고. 주디가 키다리 아저씨에게 편지를 쓰듯 계속해서 네 이름을 부르고 말을 걸다 보니 어느 순간 좋은 어른이 되었다고. 저비가 늘 주디의 곁에 있었듯 너도, 희망도 언제나 내 곁에 있었노라고.

이때까지 살면서 키다리 아저씨 같은 사람
근처에도 못 가 봤어요

그런 사람이 진짜 있다면
그게 전부 다 진심이고
앞으로도 변하지 않는다면
이 세상이 좀 살 만한 곳이겠죠

깊은 바닷속
상처 입은 진주처럼

"쌤, 진짜 저를 찾고 싶어요. 진짜 저는 누구일까요?"

"갑자기?"

별이의 심오한 질문에 나는 되물었다. 원체 깊이 있는 이야기에 관심이 많고, 내가 철학적인 이야기를 할 때마다 귀를 기울이고 메모까지 하는 별이지만 이렇게 직접 질문한 적은 처음이다.

"음, 내가 누구인가 하는 문제는 인문학의 첫걸음이자 끝나지 않은 숙제인데. 어쩌다 그런 질문을 하게 됐어?"

아이들의 작은 몸짓도 놓치고 싶지 않다. 그들의 말 한마디, 말하는 순간 움직이는 손의 흔들림, 고개의 각도가 내게 큰 울림으로 다가올 때, 나의 몸짓 또한 그들에게 울림을 줄 수 있으리라 기대하는 탓이다. 그래서 나는 입버릇처럼 여러 번 되묻는다. 왜 그렇게 생각하는지, 어쩌다가 그런 생각을 하게 되었는지.

"저도 저를 모르는 것 같아서요. 남들은 제 얼굴, 이름, 뭐 이런 것들로 저를 알잖아요. 물론 그런 것도 제가 맞긴 한데 '진짜' 저는 아니라는 생각이 들었어요. 얼굴은 성형하면 바뀌고 이름도 얼마든지 바꿀 수 있잖아요. 요즘 저는 제가 좋아하는 줄 알았던 음식이 별맛도 없고 전에 덕질하던 아이돌도 별 관심 없거든요. 그러면 나는 대체 누구인가 싶어요."

그 말을 듣고 있던 수지가 입을 연다.

"저는 이런 얘기 하는 사람 보면 신기해요. 어떻게 자기를 잘 모를 수가 있지 싶어서요."

"그래? 수지는 자기 자신을 잘 아는구나?"

"저는 남이 하자는 것을 따르기보다는 제 의견에 항상 집중하는 편이거든요. 어떤 일이 닥쳤을 때 내 생각이 뭔지를 최우선으로 생각해요. 양보할 수는 있어도 내 생각과 입장이 헷갈리지는 않아요. 그래서 자신을 잘 모르겠다고 하는 별이와는 달리 저는 자신을 가장 잘 알아요. 오히려 남에 대해 모르면 몰랐죠."

수지는 평소 목소리도 크고 분명하다. 세 보이는 것이 걱정이라고 하지만 남들의 옳지 않은 언행에 맞춰 줄 생각은 없다고 할 만큼 단호하다.

"그러면 내가 누구인가 하는 문제를, 이번 주 읽은 책과 각자 써 온 글 속에서 한번 실마리를 찾아보자."

아이들의 진솔한 생각이 담겨 있는 이 대화가 아주 흡족했지만, 글을 읽고 대화를 나누는 수업의 진행을 방해할까 봐 말을 살짝 돌렸다. 큰 틀을 잡아 주지 않으면 처음에는 바람직했던 대화가 점점 엉뚱한 방향으로 흐르고 결국은 인문학 수업이 아닌 잡담으로 끝난다. 우선 수지가 쓴 글을 읽기 시작했다.

"조개가 상처 받고 아물면 생기는 게 진주라고 했다. 상처를 입지 않으면 그 예쁜 진주는 태어날 수 없는 것이다. 나도 늘 하는 생각인 게, 상처 받기 쉬운 약함이나 감정의 찌꺼기들은 우리가 성장하는 원동력이 된다. 그러려면 상처들로 인해 생기는 약함, 억울함, 울분을 사랑으로 보듬어 주어야 한다. 상처가 아프다고 외면하는 것은 어리석고, 상처로 인해 연약해져서 자신을 계속 해치는 것도 어리석다. 인간은 상처 받을수록 점점 어두운 곳으로, 흔히 말하면 지옥으로 가게 되어 있다. 책에서는 이렇게 말한다. 우리가 지옥을 경험했을 때 하느님을 경험한 것이라고, 하느님은 우리가 맨 밑바닥 제일 불행할 때 우리들의 품에 서서히 스며드신다고 한다. 내 인생을 성찰해 보면 진짜 한순간이 아니라 서서히 좋아졌던 것 같다. 신기하다. 불행이 닥쳤을 때 '이 또한 지나가리라'고 믿는 이유를 알 것 같은 내용이었다."

이번 주의 책은 《불완전한 나에게》(파울로 스퀴차토, 바오로딸)다.

수지는 '상처를 진주로 변화시키기'라는 챕터를 중심으로 글을 써 왔다. 알고 보니 책을 다 읽기는 귀찮아서 목차를 쭉 훑어보고 관심이 가는 한 챕터만 읽었다고 한다.

"아 맞다, 쌤! 저 인상 깊었던 구절 있어요. 아까 별이가 하던 말이랑 관련 있을 것 같아요."

글 낭독을 끝낸 수지가 책을 가져와서 페이지를 뒤적뒤적 넘기기 시작한다. 별이도 수지 쪽으로 몸을 기울여서 책을 본다.

"제가 읽어 드릴게요."

수지는 좀 길긴 한데 집중해서 들어 달라는 당부와 함께 책을 읽는다. 대체 무슨 문장이길래 책까지 가져와서 잘 들으라고 신신당부하는 거니. 그 모습이 귀여워서 귀를 쫑긋 세워 본다.

"삶의 기본 원칙은 이렇다. 다른 사람이 너의 인생을 결정하게 하지 마라. 너의 길을 가라. 너 자신이 되어라. 하느님이 네게 주신, 때 묻지 않은 본래의 모습을 발견하라. 네 안에 그 모습을 간직하라. 부모가 낳기 전의 너는 누구였는가? 태어나기 전 너는 하느님 안에서 누구였는가? 너의 영적 근원을 기억하라. 그러면 자유롭게 너의 길을 갈 수 있으리라."

다 읽은 후 수지는 별이를 쳐다본다. 질문에 대답이 되었냐는 표정이다. 별이는 생각에 잠긴다.

"책 내용이 종교적이라서 막 와닿지는 않는데, 태어나기 전 때 묻지 않은 내 모습을 찾으라는 말이 '진짜' 내 모습을 찾고 싶다는 제 생각이랑 연결이 좀 되는 것 같아요. 생각을 좀 더 해 봐야겠어요."

별이는 한 주간 생각을 해 보고 다음 주에 또 이야기하고 싶다고 했다. 이번에는 별이의 글을 읽을 차례였다.

"내가 인상 깊게 읽었던 이야기는 '한계상황과 화해하기'다. 내 생각에 한계는 맞닥뜨리고 받아들이고 그런 다음 극복하고 익숙해지는 것이다. 그러나 인간은 한계를 맞닥뜨리지 않고 피하려고 한다. 나의 한계가 너무 추할까 봐. 그러나 한계를 계속 경험하고 또 익숙해져야 한계를 뛰어넘는다. 생각보다 우리의 한계가 별로 추하지 않을 수도 있다. 그래서 나는 우리가 계속 한계를 뛰어넘어 더 높은 곳까지 갔으면 좋겠다. 겁먹거나 멈추지 말고. 우리의 한계는 멋있다."

다 읽은 줄 알고 박수를 치려 했는데, 잊었던 게 생각난 듯이 별이는 말을 이어 나갔다.

"저에게 가장 기억에 남는 문장은, '조개가 상처를 입지 않는다면 결코 진주를 만들어 내지 못할 것이다'입니다."

별이가 말한 '한계상황'을 수지의 '지옥'과 같은 말이라고 생각한다면, 아이들은 둘 다 극한의 고통을 이야기하고 있었다. 상처 받은 후의 아픔이 극도로 달했을 때, 도저히 다시 일어날 수 없을 것만 같을 때 상처를 정면으로 마주하고 한계를 극복하겠노라고. 신 앞에서 때 묻지 않은 가장 순수한 자기 모습을 발견

하겠노라고. 나는 아이들에게 《나의 라임오렌지나무》(J. M. 바스
콘셀로스, 동녘)의 주인공 '제제' 이야기를 해 주었다.

제제는 가족들에게 '작은 악마'로 불리며 홀대받고 얻어맞는
다. 아버지와 누나, 형들은 제제를 죽기 직전까지 팬다. 무시와
폭력 속에 놓인 제제에게는 친구가 둘 있었는데 하나는 집 앞마
당의 라임오렌지나무이고 다른 하나는 뽀르투가 아저씨이다.
라임오렌지나무는 상상 속 친구로 제제는 수시로 나무와 대화
하고 뽀르투가 아저씨는 처음에는 제제의 심한 장난으로 엮이
지만, 나중에는 아빠와 아들 같은 사이가 된다. 그러던 어느 날
뽀르투가는 기차에 치여 세상을 떠나 버리고 라임오렌지나무
마저 잘려 버린다.

제제는 사랑을 경험했고 아픔도 알게 되었다. 어른이 된 것이
다. 뽀르투가와 라임오렌지나무가 더 이상 곁에 없다고 해서 그
들과 함께한 시간이 헛되지는 않다. 성장은 필연적으로 슬픔을
동반하고 상처는 정체성이 된다.

상처투성이 인생은 우리에게서 소중한 것을 빼앗기만 한다.
고통 속에서 느껴지는 유일한 진실은 사랑도 꿈도, 바란 적 없
던 젊음도, 소중했던 추억도 옅어지고 곁에는 아무도 없다는 외
로움이다. 어느 순간 반짝거렸을 내 모습도 이제는 없다. 그때
우리는 물어본다. 나는 누구인가. 어떤 것도 당당하게 말할 수
없는 나를 발견한다. 추한 내가 싫지만, 함부로 희망을 엿보고

싶지도 않다. 희망이 잔인하게 찢긴 다음에는 정말 아무것도 남아 있지 않을 것만 같아 두렵다. 비겁함의 대가로 이 고통을 마주하는 것이라면 기꺼이 받아들이겠지만 이유 모를 이유로 이 세상에 태어난 것만은 도무지 나의 죄라고 할 수가 없다.

그 심연 속에서 우리는 우리의 정체성을 만들어 나간다. 내가 누구인지는 날 낳은 부모님도, 가장 친한 친구도 정의해 줄 수 없다. 지옥 같은 일상에서 상처를 외면하지 않고 거짓 없이 마주하면 찢긴 근육이 회복하며 강해지듯 성장의 밑거름이 된다. '이 또한 지나가리라'를 되뇌는 것도 도움이 되리라.

넷플릭스 드라마인 〈굿 키즈 온 더 블록〉(원제는 On My Block)에서 주인공들은 다음과 같이 대화한다.

"난 언제쯤 운이 트일까?"

"안 트여. 우린 운이 오길 기대하지 않아. 불운에 무너지지 않을 뿐이지. 굴하지 않는 강인한 인간이야. 과거의 경험이 우리를 정의하게 두지 않으니까. 우리가 스스로 정의하자."

별아, 슬픔과 불운으로 얼룩진 너의 삶이 언젠가 방황을 끝내고 네가 누구인지를 선하고 올바른 방식으로 증명하길 바란다. 네가 말한 것처럼 너의 밑바닥은 생각보다 멋있으니까. 기도할게. 빛 한 줄기 들어오지 않는 심해의 끝에서 마침내 스스로 빛이 되길. 너의 이름처럼 반짝반짝 빛나길. 깊은 바닷속 상처 입은 외로운 진주처럼.

별아, 슬픔과 불운으로 얼룩진 너의 삶이
언젠가 방황을 끝내고
네가 누구인지를 선하고 올바른 방식으로
증명하길 바란다

네가 말한 것처럼 너의 밑바닥은
생각보다 멋있으니까

시와 사랑 앞에서

"봄이란 것이/과연 있기나 한 것일까?/아직은 겨울이지 싶을 때 봄이고/아직은 봄이겠지 싶을 때 여름인 봄/너무나 힘들게 더디게 왔다가 너무나 빠르게 허망하게 가 버리는 봄/우리네 인생에도 봄이란 것이 있었을까?"

나태주 시인의 시 〈봄〉이다. 사랑에 빠졌을 때 우리는 '봄이 왔다'라고 말한다. 실제로 날씨가 따뜻해지고 꽃이 피어서가 아니라 눈에 핑크색 렌즈가 끼워져서 세상이 저절로 아름답게 보이는 것이다. 비단 연인을 향한 사랑뿐이 아니다. 꿈에 부풀어 정진하고 있을 때의 희망, 지나고 나서야 아름다웠는지 깨닫게 되는 젊음까지, 우리 인생에는 여러 번의 봄이 오고 간다. 힘들고 더디게 왔다가 너무나 빠르고 허망하게. 그렇게 지나가고 나면 그것이 진짜 봄이었는지, 내 눈에만 그렇게 보였는지도 모르게 추억이 남는다. 시간이 흐른 것이다.

오늘은 아이들이 처음으로 시집을 읽고 수업하는 날이다. 나와 함께하고 처음이 아니라 한 명 빼고는 시집 자체를 태어나서 처음 읽었다. 나머지 한 명은 오늘의 책을 직접 고른 은하다. 은하는 작가가 꿈인 아이로, 책을 읽고 글 쓰는 자세가 남다르다. 평소 시를 좋아한다며 나태주 시인의 《꽃을 보듯 너를 본다》(지혜)를 직접 선정해 왔다. 꼭 수업 시간에 함께 읽고 싶다는 말에 나는 흔쾌히 승낙했고 그렇게 이번 주 책이 결정되었다. 수업이 시작되자 우선 은하의 글을 읽고 이야기를 나누기로 했다.

"나태주 시인은 사랑을 조심스럽게 표현한다는 생각이 들었습니다. 특히 〈부탁이야〉를 읽으면서 그러한 면을 느꼈습니다. '나'는 '너'라는 이를 조금만 보고, 조금만 듣고 떠나갈 것이라며 '너'라는 이에게 부탁합니다. 이 짧은 시 안에 화자의 사랑과 그리움이 너무나도 잘 드러난 것 같습니다. 사랑하는 마음이 상대에게 부담으로 느껴지지 않도록 부탁하고 있으니까요. 사랑을 마구마구 드러내지 않고도 충분히 전달되도록 표현한 것이 대단한 것 같아요. 이 시를 읽으면서 잠시지만 화자인 '나'의 감정을 느낄 수 있었거든요. 제가 사랑했던 사람, 제가 그리워하던 사람이 떠올랐습니다. 사랑에 빠진 이에게는 따뜻한 시, 사랑이 끝난 이에게는 슬픈 시가 될 것 같습니다."

책에서 조심스러운 사랑을 발견해 낸 것이 자랑스럽다고 말해 주었다. 어떤 책이든 자신만의 관점을 가지고 읽어 내는 것이 성숙한 독자의 자세일진대 은하는 기본적인 자세가 갖추어져 있다고 칭찬하자 고개를 살짝 숙이고 씨익 웃는다. 은하는 매 수업 시간 선생님인 나를 포함해 다른 아이들이 자신의 글에 대해 하는 피드백을 모두 메모한다. 나중에 꼭 베스트셀러 작가가 될 거라는 은하에게는 인문학 수업이 센터 생활 중 가장 즐거운 시간이다. 오늘 칭찬받은 것도 은하의 글쓰기 노트에 적힐 것을 생각하니 수줍게 웃는 모습이 더욱 귀엽다.

"사랑해도 조심스럽게 다가가야 한다는 생각이 들었어요. 사랑한다고 함부로 대하면 안 돼요."

"마지막 문장이 좋아요. 따뜻하면서도 슬픈 게 사랑이니까요."

"잘 쓴 것 같아요. 은하는 항상 글쓰기를 열심히 해요."

지효, 이서, 연수가 차례대로 돌아가며 은하의 글에 대해 생각과 느낌을 말했다. 이어서 이서가 글을 읽었다.

"전에 사귀던 남자친구 생각이 났다. 그래서 내용이 와닿은 걸 넘어서 넘 슬펐다. 진짜 딱 이 시처럼 생각한 적이 있기 때문이다. 연애를 해 봤으면 다 알겠지만. 누구나 한번쯤은 이런 생각을 했을 텐데. 왜 내가 이렇게 생각했는지는 이 시를 읽으면 바로 알 거다. 그래서 책에서 시를 베껴 왔다. 제목은 〈그런 사람으로〉입니다.

'그 사람 하나가/세상의 전부일 때 있었습니다//그 사람 하나로 세상이 가득하고/세상이 따뜻하고//그 사람 하나로/세상이 빛나던 때 있었습니다//그 사람 하나로 비바람 거센 날도/겁나지 않던 때 있었습니다//나도 때로 그에게 그런 사람으로/기억되고 싶습니다'

진짜 넘넘 슬프다. 엄청 슬픈데 이걸 뭐라고 표현해야 할지 모르겠다. 시를 과거가 된 것처럼 말해서 그런 걸까? 단어를 더 많이 알면 좋을 텐데."

이서는 종종 전 남자친구 이야기를 한다. 늘 같은 사람인지는 모르겠지만, 자주 말한다. 지난 수업 시간에는, 센터에서 나가면 가장 먼저 하고 싶은 일이 전 남자친구를 보러 가는 것이었다.

"이서는 전 남자친구를 생각하면 뭐가 떠올라?"

그 추억의 진원지는 어디일까. 그렇게 자주 들은 것치고 처음으로 이서에게 물어보았다. 아무래도 전 애인에 대해서 본인이 이야기하는 것과 남이 질문하는 것은 체감하는 정도가 많이 다르다는 생각에 말을 삼갔던 것이다. 건드리지 말았어야 할 부분을 건드려서 괜히 기분이 상하거나 안 그래도 감성적인 이서가 감정을 터뜨리면 어떡하나 하는 우려가 있었다. 그러나 오늘은 시 수업이다. 시와 함께라면 그 어떤 내면의 감정도 아름답게

승화되리라 믿기에 내 딴에는 용기를 냈다.

용기라는 단어는 선생이 학생에게 가지기에 일견 어색하다. 하지만 학생에게 말을 걸 때도 예의가 필요한 법이다. 우리는 지금 시와 사랑 앞에서 다른 누가 아니라 섬세한 인간일 터이다. 어쩌면 나의 용기는 시와 사랑을 향한 존경심이라고도 부를 수 있다.

"제가 그 사람을 떠올리면요, 멀리 벤치에 걸터앉아 있던 모습이 가장 먼저 떠올라요. 제가 항상 늦어서 기다렸거든요. 옆모습이 잘생겼었어요. 제가 손을 막 크게 흔들면서 달려가면 절 보면서 웃어 줬어요."

"그렇구나. 센터 나가면 보러 갈 사람이 그 사람이야?"

이서의 입술이 'ㅅ' 모양이 되었다. 입꼬리가 처지는 걸 보며 많이 속상한가 싶어 얼른 말을 돌리려던 찰나, 이서가 다시 입을 연다. 말하는 이서의 표정을 보니 다행히 울음이 터질 것 같은 슬픈 표정은 아니다. 일부러 지어 보이는 애교스러운 입 모양이다.

"맞긴 한데 안 찾아갈 거예요."

"왜? 무슨 일이 있었어?"

"아니요. 이 시 읽고 나서 안 찾아가야겠다고 생각했어요."

이서는 묻지도 않은 것까지 술술 말을 이어 나간다.

"솔직히 여기 시설 들어오고 나서 막 엄청 여러 가지로 생각

126

했거든요. 빨리 나가고 싶고 마음대로 돌아다니고 싶고요. 그러다 보니까 전 남친도 좋았던 것만 생각했던 것 같아요. 솔직히 싸우고 상처 받았던 거 생각하면 욕 나와요. 보고 싶긴 한데 이미 연락 안 한 지 오래돼서 지금 뭐하는지도 모르고요."

"그랬구나. 근데 시를 읽으면서 그런 생각을 했다고? 시의 어떤 내용을 보고 생각이 바뀌게 되었어?"

"시 내용이 과거인 걸 보니 나도 추억이구나 싶어서요. 추억이니까 보고 싶은 거구나. 또 막상 만나면 개처럼 싸우겠지 싶었어요."

어쩐지 말을 하면 할수록 이서의 목소리가 점점 안정되고 표정도 편안해진다.

"마지막 문장이 특히 슬펐는데요, 그 사람도 나랑 있었던 게 좋은 기억이었길 바라게 됐어요. 그 사람을 못 봐서 슬픈 게 아니라 추억이 돼서 슬픈 거였어요. 그래서 안 보러 갈 거예요."

이서는 시에 드러난 정서를 '과거형'이라는 시제로부터 포착해 자신의 상황에까지 대입하고 있었다. 화자에 대한 감정 이입과 자기 처지에 대한 객관화가 합쳐져 이루어진 결과다. 태어나서 처음 읽어 본 시집이 가닿고 있구나. 아이들이 성장하고 있구나. 이서의 이야기에 대해 언급하기를 망설였던 조금 전의 나에게 역시 시의 힘은 대단한 것이라고 말해 주고 싶었다. 어서 용기를 내어 말해라, 과거의 나야.

마지막으로 아이들에게 '나태주 시인이 말하는 꽃의 의미'에 대해 이야기해 보자고 했다. 시에 쓰인 단어는 사전에 나오는 의미 이상을 지닌다. 언어 예술이라는 문학의 한 장르인 만큼 단어 하나하나를 음미하는 것은 시를 향유하는 데 도움이 된다. 시집의 제목에도 나오는 꽃은, 과연 아이들에게 어떤 의미로 다가갔을까.

　"우리가 꽃을 보면 더럽다, 냄새난다, 이런 이야기는 안 하고 예쁘다, 향기가 좋다, 이렇게 얘기하잖아요. 너를 그렇게 예쁘고 향기롭게 생각한다는 뜻 같아요."

　연수가 말했다.

　"꽃을 보면 예뻐서 웃음 짓게 되니까 널 보면 웃음이 난다는 뜻이에요."

　지효의 말이다.

　은하는 꽃의 의미는 사랑이고, 따라서 시집 제목은 너를 사랑한다는 말이라고 했다. 마지막으로 'ㅅ' 모양이었던 입꼬리가 완벽하게 원래대로 돌아온 이서는 다음과 같이 말했다.

　"팔랑팔랑 떨어져서 사라지는 추억이요. 바람 한 번 불고 나면 흔적도 없어요."

　빠르고 허망하게 지나가 버리는 봄처럼, 세상에서 가장 예쁘고 향기로웠던 꽃도 시들어 버리고 만다. 진심조차 영원하지 않다는 것은 때로 우리를 슬프게 한다. 사랑이 지나간 자리에는 바람에 나부끼며 흩어지는 꽃잎이 허공에 남기는 흔적만큼 아득한 추억이 남는다. 잡아 보려 해도 잡을 수 없는 흔적. 그렇다고 꽃이 피어 있을 때 우악스러운 손으로 움켜쥐어도 안 된다. 상처 받고 으스러질 테니. 조심스럽게 표현하고 그 어느 때라도 예의를 다해야 한다. 시와 사랑은 언제나 존경해야 마땅하니까.

현실만이 기다리는
집으로

오늘은 별이와 지현이 두 명이 수업에 참석한다. 센터는 소년 재판에서 1호 처분을 받은 아이들이 머무는 곳이기에 일정 기간이 되면 아이들은 퇴소한다. 소년법상 소년보호처분은 1호에서 10호까지 총 열 가지의 처분이 있는데 그중 1호는 '보호자 또는 보호자를 대신하여 소년을 보호할 수 있는 자에게 감호 위탁'한다는 것으로서 그 기간은 6개월이고 필요시 6개월 연장 가능하다. 그래서 센터 아이들의 퇴소 시기가 어떻게 겹치느냐에 따라 수업에 참석하는 아이들의 수는 유동적이다. 오늘처럼 단출하게 두 명뿐일 때도 있고 어떨 때는 일곱에서 여덟 명씩 북

적이는 수업도 있다.

대부분이 6개월간 머물다 가는 이곳에서 인문학 수업에 열정을 쏟는답시고 장기 커리큘럼을 짜는 따위의 일은 소용이 없다. 그렇다고 차근차근 단계를 밟아 6개월째가 되었을 때는 어려운 책도 곧잘 읽을 수 있는 독해력을 키워 주는 것을 목표로 할 수도 없다. 입·퇴소 시기가 다르기 때문이다.

내가 이전에 경험했던 과외 수업에서는 학부모님들의 존재가 매우 컸고, 때로는 아이들보다는 학부모님들이 원하는 수업 방식이 중요했다. 하지만 아무리 엄마가 시켜서 억지로 공부하는 아이라도 목표 성적 정도는 인지하고 있다. 돈 들여서 하는 과외에서 자신의 노력은 최소화하면서 성적에서는 최대한의 효율을 뽑아내고 싶은 본능적인 욕망이다. 과외 과목이 수능 필수 과목이자 포기한 학생 수가 가장 많다는 수학이었던 것도 한몫했을 것이다.

그러나 이곳은 다르다. 당연히 아이들의 부모님은 뵌 적이 없고, 아이들도 특별한 목적의식이 있어서 수업을 듣지 않는다. 이제부터라도 바르게 살아 보려 노력하는 센터 아이들의 일차 목표는 중고등학교 졸업과 사회에 나가서 건실하게 돈을 벌 수 있는 기술 습득이다. 그런 의미에서 책 읽고 글 쓰는 인문학은 실질적인 쓸모가 없다. 여러모로 아이들과 나의 관계는 나그네들끼리의 만남이다. 센터는 사람이 나가고 들어오는 나들목이다.

그렇기에 내가 수업 중 아이들로 인해 가장 기쁜 순간은 그들이 바르게 사는 법을 책 속에서 찾으려 애쓸 때다. 퇴소한 뒤에도 제발 사고 치지 말고, 남을 해치지도 말고 선하게 살았으면, 내가 진행하는 인문학 수업과 오늘 읽은 책이 티끌만큼이라도 도움이 되었으면, 하고 매일 30분씩 기도한다. 여기에는 아이들이 잘 성장하길 바라는 애정도 있지만 그 아이들로 인해 크게 고통 받고 삶이 망가졌을 사람들을 생각하면 처참한 기분이 드는 탓이 더 크다. 재판까지 받은 아이들의 범죄는 결코 자신만을 망가뜨리지 않았다.

"쌤, 저 오늘 마지막 수업이에요."

별이는 이틀 뒤 퇴소한다고 했다. 오늘로 인문학 수업은 마무리다. 다음 주부터 센터에는 새로운 아이들이 들어올 것이다.

"그래서 이번에 읽은 책이요. 진짜 죽을 때까지 못 잊을 것 같아요."

늘 진지하게 수업에 참여해 온 별이는 퇴소가 코앞인 오늘까지도 독후감으로 A4 용지 한 바닥을 손 글씨로 가득 채워 왔다. 별이는 독후감 맨 아래쪽에 '인문학 쌤 사랑해요'를 적어서 제출한 적도 몇 번 있다. 그는 인문학 수업을 좋아하는 아이였다. 별이가 인상 깊게 읽었다는 오늘의 책은 《중학생이 보는 인형의 집》(헨리크 입센, 신원문화사)이다. 먼저 지현이가 독후감을 발표하기로 했다.

"이번에 읽은 책은 초판이 2001년도에 발행된, 아주 오래된 책이다. 책을 본격적으로 읽기 전 간단히 훑어봤는데 노라라는 주인공이 점점 더 어떤 행동을 할지 결과가 정확히 예상되지 않았고 궁금해서 읽게 되었다.

핵심은 이거다. 노라는 남편의 이중적인 모습에 분노를 느끼고 자신을 진실로 사랑하는 것이 아닌, 인형으로 여기고 있었다는 사실을 깨닫게 된다. 어렸을 땐 아버지의 인형, 결혼한 후에는 남편의 인형으로 살고 있는 자신을 보게 되었던 거다. 반면, 남편은 노라에게 아내와 엄마로서의 책임을 강요했고 더 중요한 건 자신이라고 생각한 노라는 인형이 아닌, 아내와 엄마가 아닌, 자신으로 살아가기 위해 집을 나온다.

책을 읽고 내가 제일 먼저 든 생각은 남성 중심, 남성 사회였다. 남편이 화를 내면 조용히 받아들여야 하고 시키는 대로 해야 하는 부분이 옛날 우리나라를 보는 것 같았다. 우리나라도 엄청 심할 때가 있었으니까. 그치만 남편이 이해가 안 되는 건 아니다. 화를 내야 할 땐 화를 내고 아닐 땐 다정하게 대했다. 다만 아내의 마음을 잘 헤아려 주지 못했다(그래서 나쁘다). 노라는 잘못된 걸 알면서도 돈을 빌린 게 잘못인 것 같다.

남편의 강요에 스트레스를 받은 건 맞지만 아무 잘못 없는 아이들을 버리고 집을 나온 것이 좋은 방법만은 아닌 것 같다. 나는 노라와 남편 둘 때문에 잘못 자랄 아이들이 걱정된다. 그리고 이번 책을 읽고 기억에 남는 문장은 없다. 그냥 한 가족이 부모들로 인해 갈라지는 것만으로밖에 안 보였다."

지현이는 노라의 선택에 초점에 맞추어 책을 읽었고 결론적으로 부정적 입장을 취하고 있었다. 부모님이라면 아이들이 어렸을 때 곁을 지켜 주어야 하고, 그것은 부부의 갈등 상황이나 감정과는 무관하다는 것이 이유였다. 남성 중심 사회라는 이 책의 핵심 키워드를 잘 알아차렸으며 그 키워드에만 매몰되지 않고 남편과 노라 각각이 잘못한 점을 자신만의 관점으로 훌륭하게 정리했다고 칭찬해 주었다.

물론 이 책은 페미니즘 문학의 대표 격이라 불리는 헨리크 입센(Henrik Ibsen)의 희곡 〈인형의 집〉을 중학생들이 읽기 쉽게 정리한 책이다. 집을 나가는 것은, 아버지 또는 남편이라는 남성의 지배에서 벗어나는 여성 해방의 상징으로 여겨지기도 한다. 그러나 책을 읽고 해석하는 것에는 독자의 가치관과 사고가 필연적으로 개입된다. 〈인형의 집〉을 읽었으면 무조건 노라의 선택을 지지해야 한다는 법은 없다. 또한 〈인형의 집〉 저자인 헨리크 입센은 자신이 페미니즘 운동가가 아님을 암시한 적 있다.

"지금까지 쓴 작품들에서 (여성 권리 운동을) 선전하겠다고 생각한 적 없습니다. 난 사람들이 믿는 것과 달리 시인이지 사회철학자가 아닙니다. 여성의 권리 운동을 위해 의식적으로 작업한 것이 아닙니다. 난 여성의 권리 운동이 무엇인지 정확히 모릅니다. 내게는 인류의 문제인 것 같습니다."

이는 1898년 5월 26일 노르웨이 여성 권리 연맹(Norwegian Women's Right League)이 주최한 행사에서 헨리크 입센이 연설한 내용의 일부이다. '인류의 문제'라고 했다. 인류에는 남성과 여성이 모두 포함되어 있다. 어느 한쪽만을 선택하지 않고 인간 전체를 이야기하려는 의도가 엿보인다.

다음으로는 별이가 마지막 독후감을 발표하였다.

"책 표지를 처음 봤을 때는 되게 옛날 책 표지였다. 재미가 없을 것 같았는데 나름 재미있었다. 책 내용은 어떤 부부가 살았는데 그 부부 중에 아내가 지금까지의 자기 삶과 결혼 생활의 의미를 깨닫고 인지하는 내용이다.

나는 내용을 읽으면서 남편의 이중적인 성격이 너무나 마음에 들지 않았다. 아내에게 심한 말들을 퍼부어 말 같지도 않은 말들을 하는 게 화가 났다. 그런 말을 들은 아내는 남편을 포기한 것 같다. 화낼 힘도 없고 저 사람에게 내 감정을 쓰는 것도 싫어진 것 같다. 진짜 내 남편이 저러면 아이들이고 뭐고 내다 버리고 욕하고 쥐어 팰 것이다.

가장 기억에 남는 문장은, '저는 이미 기적 따위는 믿지 않아요'입니다."

별이가 노라를 바라보는 시선은 지현이와 반대였다. 자신이 노라와 같은 처지였어도 집을 나갔을 거라며 노라의 남편에게

분개했다.

"별이는 왜 이 문장이 가장 기억에 남았어?"

"일단은 노라가 현실을 직시하는 게 좋았어요. 자기랑 남편이 완벽하게 다른 사람이 되는 것을 기대하는 건 멍청한 일이라는 걸 깨닫는 순간이잖아요. 헛된 기대를 하면서 눌러앉아 있는 건 별로예요. 그리고 저도 기적을 믿지 않는데 갑자기 무서워서 이 문장이 기억에 남았어요. 내일모레 퇴소하고 나면 이전이랑 똑같아질 것 같아서요. 기적이 일어나지 않는 한 저는 못 바뀔 것 같아요."

별이는 센터를 나가면 불필요한 인간관계를 끊고 새사람이 되고 싶다는 말을 달고 살았다. 질이 나쁜 사람들이랑 어울리다 보니 인생이 꼬였다면서. 과거가 너무 후회돼서 센터에서 지내는 6개월을 계기로 달라지겠다는 다짐을 몇 번이고 했다. 그러나 지금 별이가 직시하고 있는 현실은 센터 이전의 삶이다. 그 현실이 저절로 좋게 바뀔 리는 없다. 스스로 결심하고 뛰쳐나와야 한다. 마지막으로 쓴 독후감에서 주인공 노라를 보며 했던 그 다짐처럼.

"인사받으세요. 그동안 감사했습니다."

의자를 뒤로 빼며 슥 일어나더니 허리를 90도로 숙인다. 그 정중하면서도 결연한 모습에 나도 맞절하듯 고개를 숙였다.

"나도 별이 만나서 정말 반가웠어. 보고 싶을 거야. 다음에 만날 때는 더 좋은 곳에서 좋은 모습으로 만나자."

"쌤, 꼭 건강하세요."

별이의 뺨에 눈물이 적셔진다. 빨개지는 눈시울을 떨리는 손
끝으로 더듬으며 눈물을 닦는다. 그걸 지켜보는 지현이도 덩달
아 찡하다. 이곳은 재판받은 아이들이 들고 나오는 나들목이
다. 다시 돌아가야 하는 집에는 밥 차려 주면서 공부하라고 잔
소리하거나 수학 과외를 시켜 주겠다는 부모님이 없다. 돌봐 주
는 어른은커녕 옥죄는 현실만 존재한다.

1호 처분은 '보호자 또는 보호자를 대신하여 소년을 보호할
수 있는 자에게 감호 위탁'함을 뜻한다. 보호자를 대신했던 이
곳은 어쩌면 잠시나마 집이었을까. 어쩌면 돌아가는 곳은 집이
아니라 거리와 골목일까. 알 수 없다. 다만 그 아이를 다시는 센
터에서 볼 수 없길 바란다. 중학교도 졸업하고 먹고살 기술도
열심히 배우느라 센터 같은 건, 인문학 수업 같은 건 생각도 나
지 않길 바란다.

파랑새를 좋아

⭐

⭐

    종종 관성적으로 수업에 임하게 된다. 매 순간 최선을 다하려는 나의 노력을 아이들이 완벽하게 지워 버릴 때가 있기 때문이다. 나는 현재 세 군데의 센터에서 인문학 수업을 진행하고 있고 그곳 아이들의 수를 합쳐 보면 시기별로 차이는 있지만 어림잡아 17명 정도를 동 시기에 마주한다. 그중 수업에 진지하게 임하는 아이들은 그리 많지 않다. 어떨 때는 한 센터의 아이들 전부가 약속이나 한 듯이 무성의하다. 수업 전에 센터 선생님들의 지도 아래 쓰는 독후감은 베낀 문장이라도 꾸역꾸역 휘갈겨 제출하지만 직접 쓴 글을 소리 내어 읽고 다른 사람의 글에 피드백해야 하는 수업 시간에는 있는 힘껏 귀찮은 티를 내곤 한다. 다른 사람이 제대로 알아들을 수 없게 입을 작게 열고 웅얼거리는 목소리, 수업이 지긋지긋하다는 자세와 표정은 주기적으로 찾아와 수업의 의욕을 떨어뜨린다.

그럴 때 나는 '아, 또 버텨야 하는 시기가 왔구나' 스스로에게 말한다. 최대한 감정을 빼고 수업에 임한다. 잘해 보려는 생각도 아이들의 태도에 대해 간섭하려는 욕구도 절제한다. 처음에는 쉽지 않았다. 내가 수업을 그렇게 재미없게 하나 싶어서 이것저것 방안을 모색해 보기도 했다. 결과는 그때그때 달라서 딱히 성공 비결을 알아내진 못했다. 다만 들려오는 단편적인 이야기로는 센터에는 종종 사고가 일어나고 그럴 때 분위기는 흉흉하고 아이들은 날이 서 있다.

수업을 귀찮아 하는 태도에는 센터 분위기뿐 아니라 개인의 역량 부족과 불성실함 탓도 있을 것이다. 아이들은 대체로 독해력과 문해력이 좋지 않다. 살면서 책이라는 걸 직접 만져 본 일이 드물고 학교도 잘 안 다녔다는 아이들에게는 당연한 일이다. 활자를 읽고 머릿속으로 의미를 재구성하는 행위는 상당한 집중력과 에너지를 요하는 작업이고, 한 시간 동안 끊이지 않고 지속되는 수업 시간 동안 핸드폰을 보거나 잠을 잘 수도 없이 오롯이 집중하는 것은 인내심을 요구한다. 아이들은 그런 경험이 없다. 어쩌면 그들에게 성실한 참여를 기대하는 것이 어불성설이라는 생각이 어느 순간 들었다. 그래서 나는 이럴 때 조금 관성적이고 조금 진실한 수업을 하기로 했다. 관성은 완벽한 수업을 향한 나의 욕심을 빼기 위함이었고 진실함은 아이들의 뚫려 있는 귀에 한 글자라도 들어가길 바라는 마지막 소망이었다.

오늘의 책은 《파랑새》(모리스 마테를링크, 지만지드라마)이다. 《파랑새》는 벨기에 동화로, 틸틸과 미틸이라는 남매가 파랑새를 찾아 헤매는 꿈을 꾼다. 깨어난 후 집에 있던 비둘기가 바로 그 파랑새였다는 것을 깨닫게 된다. 행복은 어느 머나먼 곳이 아니라 바로 곁에 있다는 주제로 잘 알려져 있다. 아이들이 써 온 독후감을 순서대로 낭독했고, 순서 사이사이 독후감에 대한 피드백을 주고받았다.

"좋았어요."

"잘 쓴 것 같아요."

"글씨가 예뻐요."

"잘 모르겠어요."

"행복을 먼 곳에서 찾지 않고, 가까운 곳에서 찾겠다고 했는데 진짜 꼬~옥 좀 그렇게 살았으면 좋겠네요."

상투적인 피드백이 반복된다. 희정이는 다른 아이들을 비꼬는 듯이 말했다. 《파랑새》가 너무 재미없었다는 그에게 물어보았다.

"희정아, 책이 왜 그렇게 마음에 안 들어?"

"진짜 솔직하게 말하면요, 이 책은 진짜 쓸 내용도 없고 재미가 없어요. 그래서 어떻게든 내용을 만들어서 쓴 거거든요."

"그렇구나."

"마지막에 파랑새를 어쨌든 찾게 되어서 다행이라고 생각하긴 했어요. 근데 책에서 보니까 파랑새가 너무 못생겼어요."

"그림이 희정이 취향에 안 맞았구나."

"그림도 그렇고 내용도 그렇고요. 다시는 이 책 안 읽을 거예요. 진짜진짜 다시는 절대 안 읽을 거예요. 재미도 없고 내용도 딱히 필요 없는 내용이에요."

현재 수업에 참석한 아이들의 수는 여덟 명. 이 센터에서는 본 적 없는 많은 수다. 사람 수에 따라 수업 분위기가 약간씩 바뀌는데 수가 적으면 한 사람당 말할 수 있는 시간이 길어져서 아이들 개개인의 생각을 더 잘 알 수 있고, 아이들도 상대적으로 솔직한 말들을 한다. 물론 사람마다, 센터마다 차이가 있지만, 사람이 적으면 자기 이야기를 듣고 판단할 또래의 눈치를 덜 보게 되어 아이들은 대체로 말을 길게 한다. 반면 아이들의 수가 다섯 명 이상으로 많으면 아이들끼리 무리와 분위기가 형성되는지, 허세를 부리거나 일부러 농담 따먹기를 하는 경우도 생긴다. 자기가 싫어하는 아이가 발표할 때는 일부러 불성실한 모습을 보이기도 한다.

게다가 며칠 전에 아이들의 이동이 많았고 오늘이 첫 수업인 아이들이 네 명이다. 글을 가장 대충 써 온 희정이뿐 아니라 전반적으로 태도와 분위기가 좋지 못한 데는 여러 가지 이유가 있을 것이라는 데 생각이 미쳤다. 그래서 지금부터는 아이들의 목소리를 듣기로 했다. 재미도 없다는데 굳이 책 내용에서 어떤 깨달음을 얻으라고 수업 시간 내내 충고를 하거나, 내가 해설사 역할을 해 봤자다. 그게 고문이 아니면 뭔가. 아이들뿐 아니라 나도 고통스럽다. 이 수업을 피해 갈 수 없는 건 피차일반이니 너희들이 하고 싶은 이야기를 가볍게 해 보자꾸나. 내가 귀가 되어 주겠다.

"《파랑새》는 행복에 관한 책이라고 다들 적어 왔잖아. 이번에는 각자 돌아가면서, 자신이 현재 행복한지 이야기해 보자."

아이들은 여전히 시큰둥하지만 그래도 아까보다는 긴 문장으로 자신의 의견을 표현했다.

"행복해요. 왜냐면 그냥 행복해서요."

"오늘 생일이기도 하고 다음 주 퇴소 예정이라 행복해요."

"처음에는 내가 왜 여기 왔나, 싶어서 절망적이고 힘들었는데 언니들도 쌤들도 좋아서 행복해요."

"행복한지는 잘 모르겠고 내가 왜 여기 왔을까 싶어서 많이 힘들었는데, 시간이 좀 지나고 지내는 게 익숙해지면서 처음 왔을 때보다 편해지고 좋아진 것 같아요."

"행복하지 않아요. 가끔 현타도 오고 화도 나서요."

"별로 안 행복해요, 오늘따라. 스트레스를 많이 받아서요. 여기 있는 것도 인간관계도 공부도 다요."

"여기 있는 거는 안 행복한데, 예수님에 대해 알고 기도도 하고 그런 경험이 좀 행복해요."

아리스토텔레스(Aristoteles)는 《니코마코스 윤리학》(도서출판숲)에서 인간이 행위를 통해 도달할 수 있는 목적 가운데 '최고선'을 행복이라 말했다. 그 '행복'이 무엇이냐는 사람마다 다르지만, 사람은 행복하기 위해 평생에 걸쳐 무언가를 좇는다. 파랑새를 좇듯 그 무언가를 찾아 헤매는 동안 인간은 방황하고 실수하며 인생을 보낸다. 그렇기에 '지금 행복한가?'라는 질문에 대한 대답은 현재의 상태를 단적이지만 적나라하게 드러내는 말이 될 것이다. 만족과 불만족, 추구하는 목표와 과정, 가치관까지도 모두 생각해 보게 하는 질문이리라. 아이들에게는 센터의 삶이 쉽지 않은가 보다. 상 받으러 온 곳이 아니고 잘못해서 벌받으러 왔으니만큼 당연히 녹록지 않겠지만. 나는 두 번째 질문을 던졌다.

"그렇다면 이번에는 자기가 원하는 행복은 무엇인지 얘기 나눠 보자. 사람마다 생각하는 행복의 기준은 다 달라. 누구는 돈 많이 버는 게 행복이고, 누구는 별 탈 없이 하루하루 살아가는 게 행복일 수 있는 것처럼, '내가 생각하는 행복이란 무엇인지' 돌아가며 얘기해 보자."

"쌤, 잘 못 들었어요. 다시 말씀해 주세요."

분명 딴생각하다 못 들었다는 생각이 뇌리를 스쳤지만, 내 말이 너무 길어서 아이들이 핵심을 못 짚었을 수도 있겠다는 생각에 말을 쉽고 짧게 고쳐서 다시 말했다.

"인생에서 가장 원하는 것이 뭔지 이야기해 보자."

이번에는 확실히 이해했다는 표정이다. 고개를 위아래로 천천히 까딱인다.

"잘생긴 남자 만나서 결혼하는 거요."

"가족들과의 사소한 시간이요. 왜냐하면 보통이 가장 힘드니까요."

"자신을 가꿀 때 행복해요. 화장을 하면 기분이 좋거든요."

"가장 친한 친구랑 이야기하고 시간을 보낼 때 행복해요. 왜냐하면 사소한 것이 행복해서요."

"마라탕후루랑 제가 먹고 싶은 거 잔뜩 먹는 거요."

"돈 많은 남자를 만나서 나도 돈을 많이 벌어서 결혼하고 싶어요."

"과자가 100박스 정도 있으면 좋겠어요. 에어컨 18도로 틀어놓고 실컷 먹게요."

주변에서 찾을 수 있는 사소해 보이면서 평범한 것을 말한 아이도 있고, 큰 욕망을 드러낸 아이도 있었다. 어느 쪽이든 그것이 그들의 파랑새이고 행복이다. 아이들의 이야기를 듣다 보니 시간이 훌쩍 지나가 있었고, 마칠 시간이 되어 있었다. 책 내용과도 연관된 가볍고 재미있는 말들로 수업을 마쳤다는 생각에 나름 뿌듯했다.

그래, 멀리 나가지 말자. 파랑새가 가까이 있었던 것처럼 수업도 아이들 가까이에 있는 이야기들로 쉽게 접근하자. 무언가 대단한 이야기를 해야 하고 매 시간 감동과 깨달음이 있길 바라는 건 너무 과한 욕심이다. 수업을 마치고 나니 묘하게 긴장이 누그러지며 힘이 탁 풀린다. 애들아, 너희들도 한 시간 동안 수업하느라 수고 많았다.

눈물 맛은 짜다

　형형색색의 제목과 이름이 눈에 띈다. 아이들이 제출한 독후감은 글의 내용보다 알록달록하게 그려 놓은 책 제목《눈물 맛은 짜다》(김선희, 웅진씽크하우스)와 아이들의 이름이 시선을 사로잡았다. 물어보니 형광펜과 색연필로 각자 취향에 맞게 꾸몄다고 한다. 소유와 민지는 책 제목에 입체 효과를 주기 위해 검정 사인펜으로 그림자를 그려 놓았고 아름이는 자음 'ㅇ'을 가운데가 뚫린 도넛 모양으로 그려서 글씨를 두께감 있게 장식해 놓았다. 희진이는 형광펜으로 글씨를 쓴 뒤 검정 볼펜으로 테두리를 그렸다.

내가 알기로 이 센터에는 독후감 작성 시간이 따로 있다. 센터 선생님이 아이들을 일괄적으로 모아 두고 독후감을 작성하게 한다. 책은 한 권이기에 읽는 순서가 있지만 글은 동시에 쓸 수 있기 때문이다. 다 함께 모여서 글을 쓰면서 중간중간 책을 참고하도록 책을 옆에 놔둔다고 했다. 독후감을 다 쓰고 시간이 남았던 걸까. 아니면 제목과 이름을 먼저 쓰고 남는 시간 허겁지겁 독후감을 썼던 걸까. 의문이 머리를 스쳤지만, 굳이 묻지 않았다. 귀엽고 소소한 아이들의 행동은 귀엽고 소소하게 남겨 두고 싶다. 상상으로 남겨 두는 게 훨씬 즐거울 때가 있는 법이다.

본격적으로 수업을 시작하며, 소유가 먼저 독후감을 발표했다.

"오늘은 《눈물 맛은 짜다》라는 책을 읽었다. 이 책은 다섯 가지 이야기로 나뉘어 있다. 근데 원래 이렇게 이야기가 나뉘어 있으면 딱 좋은 이야기가 있었는데 이 책은 그런 거 없이 다 재미있고 가슴이 뭉클해지는 것 같았다. 이 책은 경수네 가족 이야기다. 고집불통 할아버지, 드라마충 엄마, 찌질한데 최선을 다하는 아빠, 사춘기 누나, 그리고 경수가 나온다. 이 책을 읽으면서 이 가족 되게 웃긴데 돈독한 가족이라고 생각했다. 그리고 우리 가족이 생각났다.

우리 엄마 아빠가 이혼하기 전에 자기 전에 다 같이 거실에

이불 깔고 누워서 티비 보다 자고, 겨울에 썰매 타고, 같이 한 식탁에서 밥 먹고, 놀이공원 가고. 어쨌든 별 건 아닌데 그냥 생각났다. 가끔은 그때로 돌아가고 싶다고 생각하는데 시간은 못 되돌리니까 그냥 지금부터라도 행복하게 효도해야겠다고 생각했다. 끝~!~!"

유쾌한 목소리로, 마지막의 '끝'에 붙은 물결과 느낌표까지 살려서 읽었다. 소유는 언제나 독후감을 읽을 때 밝고 경쾌한 목소리로 한 글자 한 글자를 또박또박 읽는다. 발표하고 있는 것을 의식하는 말투인데 그것을 숨기지 않아서 아이들의 웃음을 자아낸다. 소유도 그걸 알고 일부러 더 과장되게 어조를 부풀린다. 오늘도 어김없었다.

그러나 글에 드러난 소유의 감성은 유쾌함과 거리가 멀다. 별것 아니라며 그리움을 과소평가하는 말끝에는 가족에 대한 슬픔이 어쩔 수 없이 묻어 나오고 있었다.

다음으로는 연진이가 써 온 글을 발표했다.

"이 책을 읽고 많은 생각이 들었다. 엄마랑 경수랑 싸워도 할아버지가 다 커버 쳐 주고 보호해 줘서 경수는 할아버지를 무척 좋아한다. 나도 우리 엄마랑 싸우면 아빠가 맨날 나를 대신해서 욕먹어 주는데 여기서 아빠가 생각났다. 그리고 경수 엄마가 마트에서 일하는데 경수는 엄마의 직업이 창피했다. 나도 우리 엄마랑 우리 아빠의 직업을 되게 창피해하고 되게 부끄러워했는데 그게 후회가 됐다. 그리고 마지막에 가족사진 찍고 끝나는데 나도 집에 가족사진을 걸어 두고 여기를 들어와서 이게 가장 마음에 와닿았다. '눈물 맛은 짜다'라는 뜻이 이해가 안 갔는데 뭔가 이해가 되는 것도 같다. 인상 깊은 내용도 많고 내가 살아왔던 순간들이 보이는 책이었다."

연진이는 주인공 경수의 상황과 감정에 자신의 상황을 비추어 말하고 있었다. 항상 내 편이 되어 주는 할아버지와 부모님의 직업, 가족사진은 경수의 이야기였지만 연진이 본인의 이야기이기도 했다. 나는 연진이에게, 이렇게 책을 읽고 자신을 대입해 보는 것은 아주 좋은 책 읽기 방식이라고 칭찬해 주었다.

오늘은 여러모로 수업이 무난하고 부드럽게 흘러가고 있었다. 그래서 이쯤 이야깃거리를 하나 만들어서 수업을 조금 더 풍성하게 만들고 싶어서 연진이의 글에도 드러난, 이 책 제목의 의미에 대해 함께 이야기해 보기로 했다.

"책 제목이 왜 '눈물 맛은 짜다'일까? 제목이 좀 특이한 편이잖아. 우리 같이 한번 이야기해 보자."

"짠해서요. 짠한 거랑 짠 거랑 좀 비슷하게 느껴져요."

"저도 짠해서요! 뭔가 짠해요. 완전 아프리카 사람들처럼 불쌍한 느낌은 아닌데 약간 불쌍해서 짠하다고 해야 할까요?"

"책을 읽고 나면 등장인물들을 안아 주고 싶어지거든요. 등장인물들이 울고 있는 것 같아서요."

"가난하고 불쌍한데 따뜻한 느낌이 드니까, 왠지 눈물이 나요."

아이들은 각각 자기 생각을 자유롭게 이야기했다. 나는 사람의 감정을 표현할 때는 맛이나 온도, 촉감 등을 사용할 수 있다고 말해 주었다. 따뜻한 사람, 차가운 사람, 달콤한 사람, 까칠한 사람 등등 마음을 표현할 수 있는 말은 아주 다양하다고 말이다. 아이들은 예시로 든 단어를 다 안다고 했다. 그러니 너희들도 감정을 표현할 때 '짜증 난다', '싫다', '좋다', '완전 좋다', '개좋다', '때리고 싶다' 말고도 얼마든지 풍부하고 섬세하게 표현할 수 있는 아이들이라고 말했다. 또한 상대방에게 와닿을 정도로 적절한 단어를 선택하는 것은, 소리를 지르거나 인상을 쓰는 것보다 훨씬 내 감정을 효과적으로 표현하는 수단이라고 당부했다.

이어서 각자 자기 가족을 맛으로 표현해 보자고 했다. 가족에 대한 자신의 감정과 생각을 잘 드러낼 만한 단어를 1분간 생각해 볼 시간을 주었다.

"쌤, 생각 다했어요."

아이들 모두가 준비되자 하나둘씩 이야기를 꺼냈다.

"단짠단짠이요. 좋을 땐 달달한데 안 좋을 땐 완전 정반대거든요. 그걸 계속 왔다 갔다 하니까 단짠단짠이에요."

"매운맛이요. 아빠가 화내면 온 집안이 난리가 나요. 엄청 무서워서요. 불닭볶음면 먹고 설사하는 거 상상하면 돼요."

"밥맛이요. 같이 밥 먹는 게 떠올라서요. 아, 제 말은 점심밥 같은 거 말고 쌀로 만든 거요. 뭐 먹을 때 대부분 밥을 먹으니까요."

"짠맛 같아요. 이유는, 음, 오늘 읽은 책이랑 좀 비슷한 것 같아서요."

"쓴맛이요. 인생이 원래 쓰다잖아요. 가족도 그렇겠죠. 아, 그리고 저는 이 책 제목만 봤을 때, 제가 눈물을 모르고 먹었다가 짜서 뱉은 게 생각이 났어요. 그리고 여기 나오는 엄마는 짠순이 같아요."

갑자기 희진이가 손을 번쩍 들었다. 왜냐고 물었더니, 민지가 책 속 엄마가 짠순이라고 한 말을 듣고 자기도 생각난 말이 있다고 한다. 이야기해 보라고 했다. 대체 뭐길래 적극적으로 손까지 들면서 말하겠다고 하는지 궁금하다.

"여기 내용에서 할아버지가 늙은 돼지가 방 치우겠다고 했는데 경수가 속마음으로 '그럼 난 새끼 돼지겠네?'라고 한 게 재미있었어요. '자학하는데 막 깔깔 웃을 수는 없는 느낌?'이었어요. 그게 짠한 건가 싶고 그랬어요."

다소 두서없지만 가족과 눈물이라는 우리 수업의 키워드를 책 내용과 잘 조합한 말이었다. 귀 기울여 들으면 희진이가 하고 싶은 말을 알 수 있다. 블랙코미디처럼 주고받는 경수 할아버지와 경수의 대화는 골계미의 정수인 동시에 가족애가 드러나는 부분이다. 부러워할 만한 모습도 우아함도 하나 없는 경수

가족의 현실은 늘 좌절의 연속이다. 다리를 저는 아버지의 실직, 학부모 모임에서 풀이 죽어 경수에게 미안하다고 말하는 엄마, 가출하는 누나는 이상으로부터 좌절'당한' 현실 같다. 그런 고된 현실 속에서도 따스한 마음 한 자락, 상대방을 위하는 진심 한 가닥을 붙잡고 있는 짠함이 가족일지도 모른다.

오늘 수업은 멀리서 보면 소소하고 무난했지만 각각의 아이들은 자기 가족의 삶을 생각하며 마음속으로 짠맛을 느끼고 있었다. 책 제목을 정성 들여 알록달록 꾸미듯이 각자의 눈물 맛을 맛보며 이야기를 나누었다. 아이들이 가족으로부터 오는 일상적인 슬픔과 결핍을 자신만의 언어로 표현하고, 그 풍부한 표현력으로 옳으면서 효과적인 방식으로 세상과 소통하길 바라며 오늘의 수업을 마쳤다.

사랑이 있는 곳에
신도 있다

"팔 밑에 그린 삐죽삐죽한 선은 뭐야?"

"겨털이에요, 겨털! 겨드랑이 털이요~."

희진이가 깔깔 웃는다. 거의 숨이 넘어갈 것처럼 와하하 웃으며 상체를 양옆으로 흔든다. 화면상으로는 물미역 같은 머리카락이 휙휙 얼굴을 덮는 모양새다. 그 모습을 보고 다른 아이들도 너도나도 왁자지껄하게 웃으며 희진이의 그림을 보여 달라고 한다.

지금은 레프 톨스토이(Leo Tolstoy)의 명작 〈사랑이 있는 곳에 신도 있다〉의 수업 시간이다. 주인공 마틴과 그에게 새 삶을 살아갈 조언을 해 준 노인 두 사람을 그림으로 그려 보고 발표하고 있다. 하나님을 사랑하는 마음과 약한 이웃을 돌보는 따뜻한 마음으로 자신의 삶을 변화시킨 마틴과 노인의 모습을 직접 상상하고 이목구비와 표정, 자세, 주변 환경까지 구체적인 이미지로 표현해 보는 것이다. 이미지는 눈으로 볼 수 있기에 막연한 것을 구체화하는 데 제격이다. 아이들이 신앙인의 삶을 구체적으로 묵상하도록 하기 위함이었는데, 희진이는 겨드랑이에 털을 그려서 분위기를 발칵 뒤집어 놓은 것이다.

"쌤, 그래도 저 나름 열심히 그렸어요. 여기 보면요, 표정도 편안하고요, 손에는 성경책 들고 있고요, 십자가 목걸이도 하고 있고요, 웃으면서 좋아하고 있어요. 하나님 잘 믿으면 마음도 편안하고 행복할 것 같아서요."

그래. 정말 나름대로 열심히 하긴 했다. 분위기에 맞추어 잠깐 아이들과 함께 웃고 빠르게 다음 순서로 넘어갔다. 장난을 계속 받아 주다 보면 수업이 산으로 가는 걸 넘어서 바다 건너 미국으로 갈 수도 있기 때문이다.

사실 이런 발칙한 장난은 드물지 않다. 한 번은 내가 무언가를 열심히 설명하고 있었는데, 여기 좀 봐 주세요, 하는 말을 듣고 보았더니 자기 배를 까고 양손으로 뱃살을 가득 쥐어서 동그란 모양을 만들어 놓고 있었다. 이거 뭐게요, 라는 아이의 질문에 나는 적잖이 당황했다. 그뿐 아니다. 수업 도중 갑자기 머리를 풀어 헤쳤다가 양 갈래로 묶었다가 똥 머리를 했다가, 끊임없이 머리카락을 만지작거리며 모양을 바꾸면서 화면을 바라보고 애교 부리는 표정을 짓는 건 불특정 아이에게서 볼 수 있는 모습이다. 수업 시작할 때마다 매번 입을 카메라에 대고 크게 벌려서 입속 음식물을 보여 주는 아이도 있다. 덕분에 나는 그 아이의 간식 메뉴와 충치 개수를 늘 알게 된다. 먹던 음식을 일부러 머금고 있다가 나한테 보여 주는 건가? 의문이 들 정도다.

처음에는 아이들의 그런 행동들을 보며 나를 놀리려는 것인가, 아니면 관심을 끌기 위한 것인가, 아니면 내가 알지 못하는 제3의 이유가 있는 것인가, 혼란했다. 지금은 워낙 많이 목격하다 보니 익숙해져서인지 그냥 그러려니 한다. 아이들은 별생각 없이 본능적으로 행동하는 것이고, 무슨 이유가 있다고 한들 내가 속속들이 알아야 할 것도 아니기 때문이다.

그림은 마무리하고, 이제는 은주가 독후감을 발표할 차례다.

"오늘은 〈사랑이 있는 곳에 신도 있다〉라는 작품을 읽었다. 이 책은 《톨스토이 동화 13편》(삼성출판사 편집부, 삼성출판사)이라는 책에 있는 이야기 중 하나인데 제목부터가 심상치 않았다. 처음에 제목을 보고 '왜 사랑이 있는 곳에 신도 있다는 거지?' 했는데 읽어 보니 알게 되었다. 이 책을 읽다 보면 중간에 성경 구절이 나오는데 내가 좋아하는 구절이어서 좋았고 가장 와닿았던 부분은 마틴이 아들을 잃고 절망하며 신을 원망하고 있었는데 노인이 신께서 허락해 주신 목숨이니 신을 위해 사는 것이 도리라고 하고 신을 위해 살면 아무 걱정이 없고, 모든 일이 편안하게 느껴진다고 한 부분이었다. 그 이유는 나에게 신은 하나님인데 하나님 안에서 하나님의 자녀로 사는 것이 편하다는 걸 알고 진짜 맞는 말인 것 같아서이다."

은주는 간결해 보이지만 옹골찬 글을 써 왔다. 책을 읽기 전 제목이나 표지를 보고 의문을 가져 본 뒤, 읽으며 답을 찾아가는 것은 하나의 좋은 책 읽기 방법이다. 또한 책 내용 중 가장 인상 깊었던 부분과 그것에 대한 주관적인 생각까지 잘 적어 주었다고 칭찬했다.

"하나님 안에서 사는 게 편하다고 했는데, 은주는 어쩌다 이런 생각을 하게 되었어?"

내용 중 눈에 띄는 것이 있으면 아이들에게 추가 질문을 하곤 한다. 퍼뜩 떠오르는 단상을 글로 적었다면, 질문에 답하며 자신의 생각을 더욱 발전시킬 수 있기 때문이다.

"저는 처음에는 하나님을 믿는다는 것이 엄청 어려운 일이라고 생각했거든요. 엄청 착하고 태어날 때부터 교회 다녔던 사람들만 교회 가야 할 것 같고요. 신이나 이런 걸 생각하면 나를 벌줄까 봐 무서웠는데, 여기 와서 배우다 보니까 저도 하나님 믿어도 된다고 해서요. 편안하고 즐거워졌어요."

사랑이 있는 곳에 신도 있고, 그 신은 평안함을 준다는 것이

은주의 요지였다. 은주가 죄와 불안함의 악순환을 끊고, 편안하고 선한 구원의 길로 가길 바란다고 말하며 다음 글로 넘어갔다. 다음은 소유의 글이다.

"이 책에 나오는 마틴은 가족들이 죽고 나서 삶의 희망을 잃었다가 어떤 노인네가 성경을 읽어 보라고 권해서 신약을 읽어 보았는데, 한 번 읽기 시작하니 성경에 푹 빠져서 눈을 떼지 못하며 매일 읽었다. 읽으면서 마틴은 전에는 알지 못하였던 하나님이 자신한테 뭘 바라는지, 하나님을 위해 산다는 게 무엇인지를 알게 되었고, 전에는 엉망이었던 삶이 하나님을 만나고 나서 기도하고 깨끗하고 만족스러운 삶으로 바뀌었다.

나는 이 부분이 좋았다. 왜냐하면 나도 전에는 엉망이고 어두운 삶을 살아왔었지만, 지금은 하나님을 알아 가는 중이고 경험하는 중이니까. 나도 마틴처럼 하나님을 제대로 만나서 변화가 많이 되면 좋겠고 그래서 이 부분이 진짜 좋았다! 나도 마틴처럼 하나님의 계명과 말씀을 지키고 순종하며 남을 도와주는 사람이 되고 싶다! 끝!"

소유는 주인공 마틴이 신실하고 하나님을 진심으로 사랑하는 사람으로 거듭난 과정에 초점을 맞추어 글을 써 왔다. 전과 후를 비교하며 자신의 삶을 대입해 새로운 삶을 다짐했다. 하나님을 경험하고, 변화하고 싶은 그 마음을 잃지 않길 바란다. 다시 사회로 돌아갔을 때도 꼭, 꼭 기억하길.

책의 주인공 마틴은 사랑하는 아내와 자녀를 모두 잃고 홀로 살아남아 슬픔에 잠기어 하나님과도 멀어지고 있었지만, 성경을 읽고 시선을 낮은 곳으로 향하면서 점점 그 슬픔에서 벗어난다. 그리고 그토록 만나고 싶었던 신을 만나게 된다. 슬픔과 외로움을 타인을 향한 관심으로 바꾸어 나갈 때, 이웃을 사랑할 때 그곳에 신도 계셨던 것이다. 이는 마태복음의 말씀에도 드러나 있다. "내가 진실로 너희에게 이르노니, 너희가 여기 내 형제 중에 지극히 작은 자 하나에게 한 것이 곧 내게 한 것이라"(마 25:40).

〈살아남은 자의 슬픔〉이라는 시(詩)가 있다. 시인인 베르톨트 브레히트(Bertolt Brecht)는 평생 여기저기 쫓겨 다니며 살아남기 위해 살았던 인물이다. 부레가 없는 상어가 물속에서 살아가기 위해 끝없이 몸부림치다 보니 온몸이 근육으로 단련된 것처럼, 브레히트는 점점 독해지는 자기 모습을 바라보게 된다. 가혹한 현실 속에서 누군가는 자살했고 누군가는 죽임을 당했지만, 끝까지 살아남은 자기 자신을 그는 미워했다.

지금의 현실도 다르지 않다. 정글 같은 세상 속에서 살아남으려면 숨을 허덕이며 발버둥 쳐야 한다. 혹은 무정한 세상이 모든 것을 앗아 간 후 홀로 살아남아서 세상과 하나님을 원망할 수도 있다. 그 안에서 나만의 슬픔과 외로움에 잠식당해 자기연민에 빠지는 것은 너무도 쉬운 일이다. 오늘 수업을 마친 후

제자리에 가만히 앉아 생각해 보았다. 지금, 여기에서 나는 어떻게 해야 가장 작은 사람을 대접하는 삶을 살 수 있을까. 어쩌면 나에게는 패배할 용기가 필요한지도 모르겠다는 생각이 들었다. 이겨야만 생존할 수 있는 이 세상에서 기꺼이 약해질 수 있는 담대함을 기도하고 싶어졌다.

매번 나를 놀라게 하는 아이들의 장난, 그리고 있는 힘껏 격려하고 싶은 그들의 결심. 이제는 어느 정도 익숙한 풍경이 되었다. 그러나 그럴 때 아이들에게 어떤 말을 해 주어야 하는가에 대한 고민은 도저히 결론이 나지 않는다. 장난의 이유를 굳이 묻지 않는 것처럼 새로운 삶을 살고 싶다고 다짐하는 말을 들으면 다소 상투적인 응원과 칭찬 외에는 할 말이 없는 나를 발견하면 무력감이 엄습한다. 그러나 다른 사람을 해치면서 홀로 살아남았거나, 혹은 살아남지 못해 여기까지 온 그들에게 내가 전할 수 있는 것은, 오직 하나님뿐이다. 내 마음이 낮아지고 내 시선이 하나님을 향할 때, 내 입에서 나오는 말들도 의미가 있기 때문이다. 약할 때 강함 되시는 예수님의 사랑을 떠올리면서 짧은 글을 마무리한다.

지금
여기에서

나는

어떻게 해야

가장 작은 사람을
대접하는

삶을

살 수 있을까

내 인생에
제목이 있다면

"제가 심사원에 8주 있었거든요."

우희의 말에 아이들의 눈이 커진다. 흠칫 놀라는 아이도 있다. 소년분류심사원은 재판 결과가 나오기 전까지 최대 8주간 격리돼 소년의 비행 원인, 재위험성 등을 분류 심사하는 곳으로, 미결수들을 구금하는 구치소와 비슷하다. 창문에는 쇠창살이 있고, 엄격한 통제 아래 하루 일과가 진행된다. 살면서 규칙을 지켜 본 적 없는 아이들에게 필요하면서도 고통스러운 시간이다. 아이들은 심사원에서 지내던 시간을 생각하면 넌더리가난다고 한다. 8주는 거의 최대 기간이기에 놀랄 만도 하다.

"그때 진짜 자살하고 싶었어요. '레알' 목매다는 상상을 했다니까요. 근데 그때 읽었던 어떤 책이 있었는데 그거 보면서 좀 내 인생에 대해 생각도 하고 그랬어요."

우희는 책 제목도, 정확한 구절도 기억나지 않지만, 그 책에 나와 있는 "힘들 때는 기도하라"는 말이 인상 깊었다고 했다. 지푸라기라도 잡아 보려는 심정으로 그때 태어나서 처음으로 신께 기도라는 걸 드려 봤다고 한다. 기도하기 전에는 심사원에 갇힌 자기 신세가 마냥 억울했는데 점차 자기가 잘못한 것을 조금이나마 깨우치고 후회하게 되었다고 했다.

"책 제목이 《죽고 싶지만 떡볶이는 먹고 싶어》(백세희, 흔)같아요. 보고 딱 그때 생각이 났어요. 책에는 별 내용이 다 있네요."

책 제목은 중요하다. 대부분의 독자가 책에 대해 처음 접하게 되는 것은 제목이기에 첫인상과도 밀접한 관련이 있고, 매출과도 연관된다. 제목과 표지, 작가의 약력 정도를 보고 책을 살지 말지, 읽을지 말지 결정하기 때문이다. 그렇기에 내용을 최대한 살리면서도 사람들의 흥미를 끌 만한 제목이 필요하다. 몇백 페이지에 달하는 전체의 내용을 한마디로 압축해서 '이 책은 무엇이다'라고 한눈에 알 수 있도록 피력하는 역할은 물론이다. 오늘의 책 《죽고 싶지만 떡볶이는 먹고 싶어》는 이목을 끄는 제목으로도 유명하다. 아이들이 어김없이 책 제목에 대해 언급하자 나는 위와 같이 설명한 후, 조금 더 이야기를 진행해 보았다.

"왜 출판사랑 작가는 이 책 제목을 이렇게 지었을까? 기분부전장애를 앓는 치료 기록을 담은 책에 굳이 음식 이름을 넣어서 제목을 지은 이유가 무엇일지 한 번 생각해서 이야기해 보자."

생각해 볼 시간을 2분 정도 주었다. 펜을 가져오지 않은 아이들은 선생님께 허락을 맡은 후 펜을 가져와서, 독후감을 적은 종이 뒤쪽에 메모한다. 2분이 지난 후, 아이들이 입을 열었다.

"책에 보면 지은이가 우울증이 있다고 나와 있고, 좋아하는 음식이 떡볶이라고 나와 있어요. 지은이 소개를 보면요. 그래서 죽고 싶은 생각이 들고 인생 사는 게 그렇게 만족스럽지는 않아도 맛있는 거 먹으면서 잘살아 보고 싶다는 게 지은이 생각인가 보다 싶었어요. 그걸 드러내고 싶었던 것 아닐까요?"

희선이가 제일 먼저 말했다.

"저도 희선이랑 비슷한데요, 그런 지은이의 생각을 독자들한테 공감도 줄 수 있어서 제목을 이렇게 지은 것 같아요. 떡볶이는 다들 좋아하니까요? 아마도? 아니면 자기가 좋아하는 아무 음식이나 생각하면 될 듯요."

세미는 희선이의 의견에 자기 생각을 덧붙였다.

"기분이 아무리 안 좋고 죽고 싶어도 사람을 살게 하는 건 떡볶이 같은 사소한 거란 걸 표현한 것 같아요. 그리고 제목이 눈을 확 끌어 잡는 맛이 있어요. 책을 많이 팔고 싶었나 봐요."

하연이는 떡볶이의 소소함에 초점을 맞추었다.

"저는 제목을 딱 처음 봤을 때요, 떡볶이를 너무 좋아해서 죽어도 먹고 죽어야겠다고 말하는 엄청 뚱뚱한 사람 이야기를 상상했어요. 근데 내용은 그렇지가 않아서 반전이었어요. 반전이 있어서 좋은 느낌이에요."

은서는 제목과 내용의 조합에 대해 스스로 예상했던 것과 실제의 차이에 집중해서 이야기하고 있었다. 그만큼 제목이 기발하다는 뜻이었다고 후에 덧붙였다.

말이 나온 김에, 제목으로 수업을 조금 더 끌어가기로 했다. 나는 수업의 틀을 미리 정해 놓기보다는, 아이들이 하는 말을 잘 듣다가 수업 주제가 될 만한 키워드를 찾아내는 편이다. 미리 정해 두고 억지로 끌고 가려다가는 아이들이 내 말을 아예 이해하지 못해서 동문서답을 하게 되고, 결국 알맹이 없이 말소리만 무성하게 수업이 끝나 버리기 때문이다. 자연스러운 흐름에 맞추어 이야기를 진행하면, 아이들도 내가 지금 무슨 말을 하는지 사전 학습이 되어 있는 상태이기 때문에 비교적 이해가 빠르다. 그래서 나는 꼬리에 꼬리를 물고 생각할 만한 주제나 이야깃거리를 만들어 내서 아이들 앞에 가져다 놓는다.

"이번에는 자서전의 제목을 생각해 보자. 자서전이라는 것은, 자기 인생에 대해 자기가 지은 책을 뜻해. 나는 어렸을 때 어디서 태어났고, 몇 살 때 뭘 했고, 어떤 생각을 하면서 살았고, 친구나 가족은 어땠는지 등등 전체적인 인생에 대해 적는 책이라고 생각하면 돼. 보통 나이가 많이 든 후에 적지. 너희가 나중에 자서전을 쓴다면 제목을 뭐라고 짓고 싶은지, 3분 정도 생각한 후에 발표해 보자."

현지가 먼저 말하기 시작했다.

"제가 자서전을 적는다면, '죽고 싶지만 살고 싶기도 해'라고 제목을 지을 겁니다. 이유는 제가 지금 정신과에 다니고 있는데 정신과 다니기 전, 중, 후로 나눠서 그때 어땠는지 제 감정을 위주로 적고 싶기 때문입니다. 제가 지금 죽고 싶은데 또 살고 싶기도 하거든요. 후는, 언젠가 정신과를 그만 다닐 거고 자서전은 죽기 직전에 적을 거라서요. 뭔가 앞으로 변화가 있을 테니까 그런 걸 다 적어 보고 싶습니다."

다음으로는 세미의 발표다.

"○○ 카리나가 되기까지요."

"응? 쌤이 잘 못 들어서 그런데 다시 한 번 이야기해 줄래?"

내가 되묻자, 세미가 깔깔거리면서 웃는다. 옆에 앉아 있던 희선이가 세미의 메모를 보더니 대신 말해 준다.

"자기가 사는 동네 이름을 적고 그 동네 카리나가 되기까지라고 적어 놨어요."

"그렇구나. 왜 제목을 그렇게 짓고 싶은지 이야기해 줄래?"

"일단 제가 카리나를 닮았기 때문이고요, 책에는 제가 지금까지 해 온 성형과 앞으로 할 성형과 시술을 위주로 적고 싶어요.

다이어트 비법도 좀 적어 두려고요."

계속 소리 내어 웃는 세미를 보며 아이들도 다들 웃음이 터졌다. 갑자기 카리나 얘기를 하거나 성형 일대기를 적겠다는 것은 상상하지 못했지만, 세미라면 충분히 할 수 있는 말이다. 한바탕 웃은 뒤 서희의 발표가 이어졌다.

"제가 자서전을 적는다면, '하고 싶은 건 참 많아··(점점)'라고 짓고 싶어요. 왜냐하면 하고 싶은 건 많은데 실제로는 하지 못했던 이야기를 솔직 담백하게 하면 제 인생을 잘 설명할 수 있을 것 같아서요."

마지막으로 은서의 차례다.

"'붕어빵 이야기'요. 왜냐하면 붕어빵은 겉은 바삭하고 속은 촉촉해요. '겉바속촉'이 저 같아요. 저는 뭐든지 다 좀 부정적으로 생각하는데 사실은 잘 살고 싶고 그래요. 그리고 붕어빵은 추위 때문에 힘든 사람들을 따뜻하게 해 주는 핫팩도 되잖아요. 그 느낌이 좋고 저도 그렇게 되고 싶어서요."

아이들은 현재 자신의 상황과 감정 상태, 그리고 추구하는 방향을 드러냈다. 인생에 제목을 붙이는 일을 다른 말로 하면 정체성을 만들어 나가는 일이라고도 할 수 있다. 도서관 책꽂이에 꽂힌 무수히 많은 책 중 내가 찾는 책을 구분하게 하는 제목처럼, 정체성은 다른 사람과 나를 구별해 주고 '내가 누구인지'를 드러낸다. 또한 제목을 지을 때 고심하는 것처럼 정체성도 스스로 만들어 나가야 한다. 자신의 감정, 가치관, 자신이 저지른 잘못과 앞으로 하고 싶은 일을 찬찬히 들여다보면서 자기 입으로 말해야지, 가만히 있는다고 저절로 생기는 것이 아니기 때문이다.

TED 강연 중 700만 이상의 조회수를 기록 중인 영상 〈인생 최악의 순간은 어떻게 우리의 정체성을 만드는가〉(How the worst moments in our lives make us who we are)에서 앤드루 솔로몬(Andrew Solomon)은 이렇게 말한다.

"우리는 정체성을 키우기 위해 일부러 고통스러운 경험을 추구하지는 않지만 고통의 흔적에서 우리의 정체성을 추구합니다. 의미 없는 괴로움은 견딜 수 없지만 어떤 목적이 있다고 믿는 한 엄청난 고통도 견뎌 낼 수 있습니다. 쉬운 것은 어려운 것만큼 인상에 남지는 않지요. 현재의 우리는, 과거의 즐거움은 몰라도 우리로 하여금 의미를 찾게 하는 과거의 불행이 없었다면, 존재할 수 없었을 것입니다."

센터에서 생활하는 게 즐거운 아이들은 없다. 아이들 인생 최악의 기억이 재판받은 일이고 심사원에서 살던 시간이다. 벌을 받는 건 당연히 즐겁지 않다. 그 고통 속에서 자기 잘못을 깨닫고 뉘우치고 달라져야 한다. 죽고 싶을 정도로 힘들겠지만 외면하지 않고 자기 인생을 똑똑히 바라보고 다시 태어나야 한다. 아이들이 센터 이전과 이후를 비교했을 때 다시 태어난 새로운 정체성을 가지고 좀 더 나은 인생을 살길 바란다.

새것의 탄생

"일수같이 평범한 애는 내버려둬야 해요."

"맞아, 엄마가 너무 기대를 많이 해서 오히려 애를 망쳤어요."

책 《일수의 탄생》(유은실, 비룡소)을 읽고 수지와 별이가 입을 모아 말했다. 주인공 '일수'는 모든 것을 중간 정도로 하는 아이다. 학교 선생님이 특기사항을 적으려다가 "있는 듯 없는 듯, 이렇게 완벽하게 보통인 아이는 처음인걸!"이라고 말할 정도다. 그러나 일수의 엄마는 결혼한 지 15년 만에 생긴 아들 일수가 언젠가 자신을 돈방석에 앉혀 주길 기대한다. 일수는 자기가 좋아하는 아이스크림이 뭔지도 모르고, 뚜렷한 주관 없이 항상 '~같아요'라는 말을 하고, 그나마 칭찬받았던 서예 학원에서도 자신만의 글씨체가 없다며 쫓겨난다. 전역 후 부모님의 문방구점에서 문방구 아저씨로, 그리고 가훈을 대필해 주는 작가로 잠시 일하다 서른이 넘어서 자아를 찾고자 집을 나간다.

"근데 나는 우리 엄마가 공부하라는 소리 해 줬으면 해. 절대 그럴 일 없겠지만."

수지가 별이에게 말한다. 방금 전까지는 과한 기대로 일수 인생을 망쳤다더니 말이 약간 바뀌었다.

"왜? 너는 안 평범해?"

"아니 그게 아니라, 그게 아니라요, 쌤, 사랑하는데 어떻게 기대를 안 하겠어요. 사랑하면 기대할 수밖에 없어요. 아니면 남이죠."

"그렇구나. 친밀한 관계에서 '기대'는 참 어렵네. 그러면 수지 생각에 기대하는 것은 필요하지만 지나치면 안 좋은 거야?"

"음, 기대하면 실망하기 때문에 오히려 관계에 안 좋아요. 기대받는 사람도 힘들고, 기대했다가 실망하고 서운해지는 사람도 힘들고요. 아, 잠시만. 근데 또 아예 기대를 안 하면 관심이 없는 건데. 기대하긴 하되 좀 사람을 봐 가면서 적당히 해야죠. 말하고 보니 뭐든 적당히가 좋은가 봐요."

곰곰이 생각하며 듣고 있던 별이가 입을 연다.

"저는 기대하는 게 꼭 필요하다고 생각해요. 친밀하다는 증거니까요. 실망할 때 실망하더라도 기대하는 게 나쁘진 않은 것 같아요. 많이 친할수록 많이 기대할 수밖에 없어요."

언어학자 페르디낭 드 소쉬르(Ferdinand de Saussure)에 따르면, 언어에는 기표와 기의가 있다. 기표는 문자와 음성처럼 우리가 언어를 감각적으로 인지할 수 있는 영역이고, 기의는 그것이 의미하는 바를 뜻한다. 근데 여기서 기의는 사람마다 떠올리는 이미지가 다를 수 있다. 즉, 아이들이 '친밀한 관계'라는 말(기표)을 들었을 때 누구는 부모와 자식 간의 관계를 떠올리고, 누구는 연인 간의 관계를 떠올리고, 또 누구는 반려동물과의 관계를 떠올릴 수도 있다는 것이다. 어느 쪽이든 '친밀한 관계'라는 개념에 해당하지만, 아이들에게 한층 더 깊은 질문을 하기에 앞서 그들이 생각하는 개념이 무엇인지 확인하는 것은 필수적이다. 그렇지 않으면 아이들이 내 의도와는 전혀 다른 방향으로 수업을 이해하거나, 매우 자의적으로 해석할 수 있다. 학습 자체에 익숙하지 않은 아이들이기 때문에 더욱 주의해야 한다.

"수지랑 별이의 부모님은 수지랑 별이한테 어떤 기대를 걸고 있어? 그리고 그런 기대가 부담스러운지 어떤지도 함께 말해 보자."

'친밀한 관계'를 부모님과 자식 간의 관계로 한정했다. 또한 책의 내용에 빗대어 자신의 삶을 되돌아볼 수 있도록 실제 아이들의 삶에 관련된 질문을 던졌다. 별이가 먼저 답했다.

"일단 저희 부모님은 제가 법 안에서 사는 것을 기대했는데요. 사실 어떻게 보면 당연한 일이잖아요. 법 지키면서 사는 거는. 근데 저한테는 그게 쉽지 않아서 사실 약간 부담이 돼요."

"저희 부모님은 제가 진로를 빨리 정하길 바라세요."

수지가 말했다.

"직장을 구해서 돈을 벌길 원하신다는 거니?"

"네. 빨리 돈 벌어서 알아서 먹고살라고 그래요. 부담 같은 건 글쎄요, 딱히 아무 생각 없어요."

각자 떠올리는 장면이 있었을 것이다. 엄마 또는 아빠, 혹은 다른 어른들이 자신의 바람을 말했던 장면. 비단 실망과 부담뿐 아닌 많은 감정이 교차했을 테다. 나는 여기서 그 장면을 꼬치꼬치 묻는 것은 별 도움이 되지 않으리라 판단했다. 감정을 후벼 파면 성장 없는 상처만 남을 수 있기 때문이다. 대신 이후의 삶에 도움이 될 만한 성찰의 시간을 가지고 싶었다. 지나간 날보다는 다가올 날을 살아 내는 것이 더 중요한 아이들이다.

"책의 마지막 부분에서 일수는 자기 자신에 대해 알고 싶다고 집을 나가는데, 이후의 일수에게 조언해 줄 말을 생각해서 이야기 나눠 보자."

"반말로 해요? 일수가 아기 때부터 나오다가 나중에는 군대 갔다 와서 아저씨 되잖아요."

"그래, 반말로 해도 좋겠다. 원래 알던 친구 사이라고 생각하고 편하게 말하듯이 하면 돼."

3분의 시간이 지난 후, 수지가 먼저 발표했다. 메모해 놓은 종이를 두 손으로 들어 올리고 또박또박 읽는다.

"일수야, 너는 자기 자신을 잃어 갔다고 생각해. 혹시 엄마가 너무 기대를 많이 해서 솔직하게 말 못한 건 아니니? 말하지 않다 보면 잊어버리고, 그러다 보면 잃어버리게 돼. 너희 엄마가 너한테 어울리지 않는 기대를 하지 않고 있는 그대로의 너를 봐 줬으면 좋았을 텐데 말이야. 너에게도 분명히 좋은 점이 있을 건데 너네 엄마는 너무 특별한 재능을 바랐던 것 같아. 네 좋은 점을 좀 알아줬다면 좀 다른 모습이었을 것 같다.

근데 어쩌겠어. 이미 너는 서른이 넘었잖아. 앞으로는 남을 보지 말고 너 자신을 좀 보면서 살았으면 해. 다른 사람을 보면서 나도 저랬으면 좋겠다고 생각하는 건 별 도움이 안 돼. 응원한다. 네가 항상 있는 듯 없는 듯 살았으면 인생에 참 낙이 없었겠다. 위로의 말을 건네고 싶다."

다 함께 박수를 치고, 나는 수지에게 위로와 조언이 참 잘 드러나면서도 아주 똑똑하게 말을 잘했다고, 책도 열심히 읽었나 보다라고 칭찬했다. 다음으로 별이가 발표했다.

"일수야 너는 누구니, 이 질문에 답 못했잖아? 여기에 답을 찾았으면 좋겠어. 그리고 난 네가 떠난 이유가 엄마가 주는 기대의 무게를 견디지 못했기 때문이라고 생각해. 앞으로는 성공하든 실패하든 너로 살아. 또 네가 처음에는 일석이를 부러워하다가 걔가 여자친구한테 차이니까 그때부터 부러움의 상대가 아닌 친구로 생각한 것 같아. 네가 일석이에게 동정심을 느낀 것 같아. 아무튼 둘이 이제 사춘기니까 자기 자신의 모습을 잘 찾았으면 좋겠어. 응원할게. 나도 진짜 내 모습이 뭔지 계속 같이 고민해 볼게."

별이에게 과제가 생겼다. 다른 누구 아닌 스스로가 내준 과제다. 진짜 자기 모습, 자아를 찾아 나서는 별이의 여정을 응원했다.

"《일수의 탄생》에서 또 한 가지 눈여겨볼 내용은 평범함이야. 수지랑 별이도 일수같이 평범한 애들은 내버려둬야 오히려 잘 큰다고 했잖아? 이번에는 너희가 생각하는 평범함이 무엇인지 이야기해 보도록 하자."

"제 생각에 평범한 건 눈에 안 띄는 거고 좋은 거예요. 왜냐하면 눈에 띄면 잠시는 좋을지 몰라도 안 좋은 일에 휘말릴 가능성이 높아지거든요. 조용하게 자기 할 일이나 하면서 사는 게 최고예요. 일수는 성격도 평범하고 배짱도 없으니까 적당히 칭찬해 주고 적당히 잔소리하면 알아서 잘 컸을 것 같아요. 저런 애들이 누가 기대한다고 하면 부담돼서 오히려 바보짓 하죠."

수지가 말했다.

"저도 평범한 게 좋다고 생각해요. 쓸데없이 눈에 띄면 인생이 꼬이기 때문이에요."

별이도 같은 의견을 말했다.

타고난 재능과 기질, 성격, 부모님의 영향 등 중요한 요소들이 정해져 있기에 때로 우리의 인생은 이미 결정되어 있는 듯 보인다. 그렇지만 스스로 다짐하고 걸어온 길이 인생이기도 하다. 과거가 모여서 현재가 되고, 또 미래로 이어지기 때문이다. 오늘 수업을 통해 아이들이 이제까지의 삶을 성찰하고, 앞으로 달라지기 위해 다짐하길 바란다. 집을 나서는 일수에게 아이들 본인의 입으로 조언해 주었던 그 내용이 본인의 결심이 되었으면.

어쩌면 책의 제목이 나타내는 일수의 탄생은 그가 집을 나가는 마지막 장면이라는 생각이 든다. 사람이 변화하기 위해서는 타인이 규정해 놓은 자기 모습이나 과거를 떠나야 한다. 성경에 나온 다음의 문장처럼 말이다. "예수께서 대답하여 이르시되 진실로 진실로 네게 이르노니 사람이 거듭나지 아니하면 하나님의 나라를 볼 수 없느니라"(요 3:3). 아이들도 과거를 떠나서 새로운 모습으로 거듭나는 기쁨을 누릴 수 있길 기도한다.

자세히 보면
슬픈 이야기

"여기 숙자라는 이름이 나오는데, 예전에 제 친구 엄마가 저한테 최숙자라고 불렀던 게 생각났어요. 왜냐하면 제가 노숙을 많이 했거든요. 진짜 숙자라는 사람 이름이 있어서 놀랐어요."

《괭이부리말 아이들》(김중미, 창비)을 읽고 아름이가 한 첫 번째 말이다. 책에서 무엇이 가장 인상 깊었냐고 물었더니 노숙 경험을 이야기해서 사실 충격이었다. 중학교 2학년 나이의 여자아이가 노숙이라니. 게다가 이곳에 들어오기 전이면 중학교 1학년 이전의 이야기일 텐데 대체 무슨 사정이 있어서 그렇게 노숙을 많이 했을까 의문이 스쳤다. 아름이는 자기 별명이었던 숙자가 실제 사람 이름이라서 놀라고, 나는 아름이가 그런 별명을 가졌다는 것에 놀랐다. 서로 다른 것에 당황한 것은, 당연한 말이지만 나와 아름이가 살아온 삶의 풍경이 다르기 때문이었다.

일각에서는 소년범들을 '센터'에 보내서 밥도 먹여 주고, 재워 주고, 각종 프로그램에 참여시키는 것에 회의적이다. 어쩌면 회의보다는 '혐오'라는 표현이 정확할지도 모르겠다. 범죄를 저지른 소년들은 처벌받아야 마땅한데 센터에서 여행도 가고, 문화생활도 경험하면서 혜택을 누리는 것이 자원 낭비라는 것이다. 그 돈과 인력으로 가해자가 아닌 피해자들을 돕거나 가난한 환경에서 공부를 열심히 하는 학생들에게 장학금으로 쓰는 것이 옳다는 의견을 온, 오프라인에서 직, 간접적으로 들어 왔다. 사실 여기에는 반박할 수가 없다. 오히려 나도 동의하는 부분이 많다. 다만 어떤 아이들은 돌봐 주는 어른이나 보호받을 수 있는 환경이 전혀 갖추어지지 않은 상태에서 생계형 비행을 저지른다. 또한 센터로 보내지는 1호 처분은, '보호자 또는 보호자를 대신하여 소년을 보호할 수 있는 사람에게 감호 위탁'한다는 것으로서 이곳에 있는 아이들은 마땅한 보호자가 없는 경우가 대부분이다.

처벌받고 단단히 혼나야 하는 소년범들이 일견 혜택을 누리고 있는 것처럼 보이지만 내 눈에 그들은 체험 중이다. 집에 어른들이 있고, 해야 할 것과 하지 말아야 할 것들을 나누는 규칙이 있고, 어른이 굶기지 않고 밥을 주고, 책 읽으라는 소리를 듣는 삶을 6개월간 체험하는 것이다. 물론 이 체험이 전혀 효과가 없을 수도 있다. 그러나 애초에 아이가 마땅히 받아야 했던 보호를 제공하지 않은 건 어른들이다. 그렇기에 이제라도 새로운 삶의 기회를 주는 것까지는 어른들의 몫이 아닐까. 물론 그 어떤 경험을 해도 바뀌지 않는 소년들도 당연히 있지만.

오늘 수업 책은 《괭이부리말 아이들》이다. 아이들은 각각 책을 읽고 인상 깊었던 점 및 자기 생각을 독후감으로 써 왔다. 우선 아름이가 독후감을 발표하기로 했다.

"오늘 《괭이부리말 아이들》이라는 책을 읽었다. 앞표지에 애들이 다 똑같이 생겨서 좀 이상하지만, MBC 특별기획 책이라서 봐 준다. 책이 너무 길어서 뭘 적어야 할지 잘 모르겠다. 하지만 여기 나오는 애들이 아프리카 애들 같고 불쌍하다. 돈만 있으면 기부하고 싶다. 아직도 그 마을이 있을지 궁금하다. 그리고 난 라면 먹는 걸 좋아해서 라면 먹는 내용이 기억에 남는다. 괭부말 끝!"

나머지 아이들이 돌아가며 아름이의 글에 대해 피드백했다. 다음은 소유의 글을 읽을 차례이다.

"옛날에 이 책을 읽으려다가 재미가 없어 보여서 안 읽었다. 근데 이번에 인문학을 하게 되어서 읽게 되었다. 이 책에는 숙자, 숙희와 동수, 동준이와 영호라는 사람이랑 김명희 쌤이 나온다. 숙자, 숙회의 아빠는 평소에는 괜찮은데 술만 마시면 오토바이를 타고 유리 깨고 벽에 머리를 박고 사람을 많이 다치게 해서 빚을 많이 진 사람이다. 동수, 동준의 아빠는 IMF 이후로 집을 나갔다. 동수는 거의 가출했는데 어쩌다 한 번 돈이나 라면을 갖고 들어온다. 동준이는 학교 급식이나 교회에서 무료 밥을 먹는 게 전부다. 동수는 질 나쁜 친구와 어울리고 술 담배를 하다 결국 구치소에 들어갔다. 꼴 좋다고 생각했다. 영호라는 유도 아저씨는 뭐 하는 사람인지 모르겠다.

책을 읽기 전에는 그냥 양아치 애들 이야기인 줄 알았는데, 읽다 보니 그냥 달동네에 사는 사람들의 이야기였다. 따뜻하면서도, 좋게 보기에는 뭔가 좀 그런 이야기였다. 생각보다 재미있게 봤다."

소유의 이야기를 듣더니 연진이가 입을 연다.

"저랑 비슷한 부분이 있어요. 저도 책 읽기 전이랑 읽고 나서랑 책이 달랐거든요."

"그래? 연진이는 책을 읽은 후에 어떤 생각이 달라졌는데?"

"그건 제 글을 들으시면 알 수 있어요."

무언가 비밀 이야기를 하듯이 속닥거리면서 이야기한다. 나는 연진이에게 그러면 어서 글을 읽어 보라고 했다. 연진이는 만족스러운 웃음을 지으며 글을 읽는다.

"표지에 '괭이부리말 아이들'이라고 쓰여 있어서 뭔가 말썽쟁

이 애들 이야기가 나올 줄 알았는데 좀 슬픈 이야기였다. 숙희, 숙자 아빠가 술을 먹은 날이면 엄마가 빌고 또 빌었다. 숙희랑 숙자는 15분 차이 쌍둥이지만 숙자가 모든 집안일을 했다. 동네에서 아빠는 성실하고 착한 사람이라고 소문이 나 있었다. 하지만 술을 먹으면 사고를 쳐서 엄마가 감당이 안 되어서 집을 나갔다.

근데 두 달 만에 집에 들어왔다. 엄마는 숙자를 꼭 안았지만 숙자는 어안이 벙벙했다. 마음속으로는 '엄마!' 하고 말하면서. 근데 다음날 엄마가 돌아온 이유를 알게 되었다. 그것은 바로 임신해서 돌아온 것이었다. 숙희는 숙자한테 투덜대면서 말했다. 엄마는 우리 때문에 온 게 아니라 배 속에 있는 아이 때문에 온 거라고. 읽는 내가 다 마음이 상하고 진짜 죽고 싶을 것 같았다. 우리를 버려 놓고선 다른 남자 애를 임신해서 들어온 엄마가 너무 미울 것 같다."

연진이도 소유와 비슷하게, 아이들의 말썽 위주로 진행될 줄 알았던 책이 슬픈 내용, 깊은 내용이어서 의외였다고 했다. 책 제목과 표지를 보고 자신의 인상을 잘 표현했다고 칭찬했더니 연진이는 좋아하며 어깨를 한 번 으쓱했다. 이제 마지막은 서인이 차례다. 서인이는 다른 아이들에 비해 자기가 쓴 글이 너무 짧은데 괜찮냐고 묻는다. 나는 얼마든지 괜찮다며 읽어 보라고 했다.

"괭이부리말은 인천에서 오래된 빈민 지역으로 갯벌이 많은 바닷가였다. 고양이 섬이라고 불리다가 괭이부리말이 탄생한다. 괭이부리말에는 공장도 많고 6·25 전쟁 이후 가난한 사람들이 가족이랑 아이들이랑 같이 와서 살았다. 나는 이 책에서 라면 먹는 장면을 보고 라면이 먹고 싶어졌다."

아까 아름이에 이어서 서인이도 라면 먹는 장면을 언급했다.

"너희들 라면 좋아하니?"

"네!"

아이들 모두가 동시에 큰 소리로 외쳤다. 만일 오프라인 대면 수업이었다면 아이들과 함께 라면을 끓여 먹었을 텐데. 갑자기 너무 신나서 목소리와 동공이 커지는 아이들을 보며 라면 이야기를 하지 않을 수가 없었다.

"그럼 자기가 제일 좋아하는 라면을 이야기해 보자. 자기만의 먹는 방법이나 레시피가 있으면 말해도 좋아."

따로 생각할 시간을 줄 필요도 없었다. 이미 아이들은 준비되어 있었다.

"진라면 매운맛이요. 김치랑 같이 먹어요."

"저는 육개장에 얼음 넣어서 먹는 거요. 비빔면 같고 좋아요. 대신 물을 적게 부어야 해요. 좀 이상하다고 생각하는 사람도 있는데 전 안 이상해요."

"신라면에 계란 하나 딱! 풀면 끝장이죠."

"일단 물을 끓이고요~ 그런 다음 스프를 먼저 넣어야 해요~ 면 넣기 전에 간을 해야 되겠어요~ 안 되겠어요~ 그런 다음 팔 팔 끓으면 그때 면을 넣어요~ 건더기는 넣고 싶을 때 넣고요~ 그렇게 4분 정도 끓으면~ 불을 끄고~ 먹어요~ 이게 저만의 레시피입니다!"

"왕뚜껑이요. 왜냐면 양이 많아서요."

라면 이야기를 하는데 다들 엄청나게 신이 났다. 중간중간 웃고 떠들고, 자기 취향에 안 맞는다, 맞는다, 이야기하며 아주 시끌벅적하게 수업이 마무리되었다. 각양각색의 라면 먹는 법이 삶의 풍경만큼 다르게 느껴진다. 입맛에 따라서 남이 봤을 땐 참 희한한 음식인데 누군가에게는 가장 맛있는 라면이기 때문이다. 서 있는 곳이 달라지면 풍경이 달라진다는 말이 떠오른다. 노숙과 숙자라는 단어에 다르게 반응하는 것처럼. 웬 양아치들이 사고 치는 이야기인가 했는데 알고 보니 흔한 달동네 이야기였고, 슬픈 이야기였던 것처럼.

3부

잘 살았으면 좋겠는걸

유퀴즈에서
만난 사람들

"공부에 재능, 지능의 영역도 분명히 있지만, 노력해서 되는 영역도 있어. 지금 너희가 중학교 1학년이니까, 퇴소하고부터 고등학교 때까지 열심히 공부한다고 치면 수능까지 5년 이상 남았잖아. 딴짓 안 하고 공부만 열심히 하면 수능 3등급까지는 무조건 맞을 수 있어. 어쩌면 과목에 따라서 1~2등급을 맞을 수도 있지."

못 믿겠다는 눈치다. 아이들은 초등학교 때부터 이미 시험 시간에 찍고 자기 바빴다고 한다. 공부, 시험 같은 건 자기네 영역이 아닌데 무슨 소리냐고 헛웃음을 짓는다. 나는 전문 과외 선생님은 아니지만 드문드문 수학 과외를 했다. 그래서 초중고 수학 커리큘럼을 어느 정도 꿰고 있다. 최근에 한 것이 9개월 전 중학교 3학년 아이의 과외였고, 지금까지 초등학교 4학년에서 중학교 3학년까지의 아이들을 가르쳐 보았다. 예습, 복습이 들어가기 때문에 초3에서 고1 단계를 수업했다고도 할 수 있다.

수능같이 큰 시험은 단기간에 준비하기 힘든데, 그건 논리와 사고력, 기초 지식을 차근차근 쌓아 올리며 시험에 적응하는 시간이 필요하기 때문이다. 그래서 소위 '노베'(노베이스, No-Base)라고 하는 학생들처럼 기초가 없는 경우에는 단기간에 성적을 올리는 데 한계가 있다고 보는 것이 일반적이다. 물론 초인적인 머리와 능력으로 돌파하는 경우는 예외다. 그렇지만 '노베'였다가 늦게 정신 차리고 죽을힘을 다해 6개월 공부해서 성적을 올린 사람이라면 재수했을 때 성적이 더 오를 가능성이 높다.

솔직한 심정으로, 센터에서 만나는 아이들이 수능을 볼 거라고 기대하지는 않는다. 대부분 실업계 고등학교에 재학 중이거나 입학 예정이고, 그중에는 고등학교를 졸업하지 못하는 경우도 많기 때문이다. 대개 출석 일수가 모자란다. 근데 오늘 수업하는 설아, 지은이는 중학교 1학년으로 이제 막 초등학교를 졸업했고, 내가 하는 공부 이야기에 유난히 눈을 반짝여서 과목별 공부 방법을 설명하게 되었다.

"쌤, 그러면요, 영어는 어떻게 해요? 저 진짜 하나도 몰라요."

"저는 단어를 아예 몰라요. 솔직히 한번 외우려고 해 봤거든요? 책 덮는 순간 다 잊어버려요, 진심. 머리가 나빠서 그런 것 같아요."

지은이와 설아가 동시에 영어에 대해 질문했다.

"소리 내서 외우고, 문장이랑 같이 외우면 좀 나을 거야. 보통 공부 처음하는 학생들이 단어 외울 때 철자를 하나하나 쓰면서 외우는데, 알파벳 순서로 단어를 기억하려고 하면 나중에 헷갈릴 수밖에 없어. 단어가 너무 많으니까."

"소리를 어떻게 내요?"

설아가 물었다.

"사전 어플에 들어가서 단어를 검색하면 읽어 주기도 하고, 구글링해도 나와. 그 소리랑 단어를 매치하면서 외우는 거지."

"오오, 짱 신기하다. 쌤도 그렇게 공부하셨어요?"

책과 독후감이 주제인 인문학 수업 시간에 갑자기 학교 공부 이야기를 하게 된 것은 오늘 책인 《유퀴즈에서 만난 사람들》(이언주, 비채)과 관련 있다. 설아가 써 온 독후감을 함께 읽고, 흔하지 않은 길을 걸어오며 삶을 개척한 출연자들에 대해 이야기하다가 공부하는 법이 궁금해졌나 보다. 어떻게 하면 대학을 갈 수 있는지 질문하기 시작했다. 이제 공부 이야기는 이쯤 하고, 오늘의 본론인 책으로 들어가기로 했다. 너무 한쪽으로 가다 보면 이야기가 샐 수 있다. 또, 공부 방법을 이러쿵저러쿵 이야기한 것이 아이들에게 시간 때우기식 잡담이 아닌 삶의 흔적으로 남기 위해서는 반드시 어느 정도 깊이 있는 성찰이 있어야 한다. 선생님이 혼자 열심히 말해 봤자 아이들 본인이 흘려듣고 농담 따먹기 정도로 생각하면 그만이기에, 본인 머리로 생각하고 본인 입으로 말하는 것이 꼭 필요하다.

지은이가 써 온 독후감을 발표할 차례였다.

"이 책은 무한도전 MBC 작가상을 받은 사람이 썼다. 〈유퀴즈 온 더 블록〉으로 출연자의 인생 이야기 토크쇼를 기획했다고 한다. 나는 이 책을 처음부터 끝까지 다 읽지는 못했고 차례를 보고 끌리는 것들만 읽었다. 책이 출연자의 인생을 보여 주는데, 여러 가지를 경험하고, 여러 가지를 거쳐 왔기 때문에 출연자가 많이 해낼 수 있었다는 생각이 들어서 인상 깊었다. 자기 인생을 말하는 데 큰 용기가 필요했을 텐데 방송까지 가서 남들한테 말하는 것도 대단하다. 자기가 힘들었을 때 느낀 감정, 생각들을 말하는 건 힘들기 때문이다. 많이 고생하고 노력했겠지? 그런 마음이 나한테 고스란히 전해지기도 했다.

내가 제일 인상 깊었던 이야기는 '신세계백화점 브랜드 비주얼 담당 유나영'이라는 사람이다. 왜냐하면 그 사람이 어렸을 때 아빠한테 스노볼을 받은 적이 있었다. 문구점에서 본 스노볼을 한 번 보고 빠져 버려서 그걸 본 아빠가 크리스마스 선물로 준 거다. 첫 크리스마스 선물이었다고 한다. 그게 아이디어라서 백화점을 예쁘게 만들었다고 한다. 추억을 덧붙였다는 게 신기했다. 아이디어는 기억, 추억에서도 나오나 보다. 내가 아무리 사소하게 하는 일이고 또 남들한테도 아무것도 아니더라도 진짜 누군가한테는 그게 추억이고 기억이다. 인생에서 평생 남을지도 모른다는 생각을 했다. 마지막으로 이 책을 읽고 든 생각은 인생은 경험이다, 라는 것이다."

지은이는 '인생은 경험'이라는 생각이 들었다고 했다. 그렇게 생각한 이유를 물어보았다. 인문학 수업에서는 아이들에게 반복적으로 이유를 묻는다. 어떤 말을 하든 항상 근거를 들어서 말하도록 한다. 그건 나나 다른 친구들을 설득하라는 것이 아니라, 생각의 근원을 스스로 파헤쳐 보라는 까닭에서이다. 분위기에 휩쓸려서, 본인이 뭐 하는지도 모르면서 살지 말고 자기가 무슨 생각을 하고 사는지 들여다봐야 한다. 그래야 과거에 대한 반성도 하고 앞으로 건실한 계획도 세울 수 있다.

"돌아보니 후회되는 일이 많아서요. 근데 저는 솔직히 제가 잘못한 것도 있지만 원망스러운 게 더 많았거든요. 가족이나 친구나 뭐 인간들을 생각하면 억울하고 짜증 나고 열받고 그런단 말이에요. 근데 그냥 경험이라고 생각하면 좀 편해지는 것도 있고요. 좋은 것도 나쁜 것도 결국은 다 경험이구나, 싶어요."

글에 쓴 추억, 기억과 맥락이 상통하는 부분도 있고, 그렇지 않은 부분도 있었다.

"그러면 지은이가 후회하는 건 어떤 일들이야? 그런 일들도 다 인생에서 경험이라고 생각하는 걸까?"

"막 살다가 여기까지 들어온 거요. 경험이긴 한데 선택인 것 같아요. 남이 아니라 제가 한 거니까요."

지은이는 자의에 의한 것과 타의에 의한 것을 구분하며 말하고 있었다. 다른 사람의 영향으로 일어난 일들을 추억, 기억이라고 표현했다면, 자기가 벌인 일은 선택이라고 했다. 책임 소재를 나누어 말하는 것으로, 자기 행동에 대한 일말의 책임감을 느끼고 있었다.

"인생은 B(Birth)와 D(Death) 사이에 놓인 C(Choice)라는 말이 있어. 알파벳 ABCD 있지? B는 생일을 뜻하는 birthday를 생각하면 되고, D는 죽는다고 할 때 die를 생각하면 돼. 인생은 태어나서 죽는 순간까지의 선택이라는 뜻이지. 모든 인간은 언젠가 죽기 전까지 한정된 시간을 살잖아. 따지고 보면 시간을 어떻게 보내느냐가 인생을 어떻게 사느냐고, 크고 작은 선택들이 그 시간을 채우고 있어. 밥 뭐 먹을지, 누구랑 친구를 할지 같은 것들부터 지금부터 십 대 시절을 어떻게 보낼지 선택하는 것까지. 그 선택의 결과에 영향을 받고, 책임을 지면서 시간은 그렇게 흘러가게 되지."

선택과 책임에 대해 어떻게 생각하냐고 설아에게 물어보았다.

"맞는 것 같아요. 책에 보면 정말 상상도 못할 직업이랑 가지

가지 인생을 사는 사람들이 나오잖아요. 보면 다 뭔가 이유가 있더라고요. 저는 그렇게 자기 인생에 대해 말하는 사람들이 신기했거든요. 자기가 선택해서 말도 잘하나 봐요. 제 인생에도 뭔가 이유가 있고 선택이 있을 텐데 생각을 좀 해 봐야겠어요."

그리고 설아는 꼭 대학을 가야겠다고 했다. 출연자들을 보니 다들 어느 대학에서 뭘 전공했다는 경력이 있다고, 자기도 전공이 있는 사람이 되고 싶다는 것이 이유였다. 짬짬이 공부하는 법을 알려 달라고 나한테 부탁도 했다. 나는 얼마든지 알려 주겠다는 말과 함께, 언제나 자기 삶에서 선택과 책임을 명심하라고 말했다. 좋았던 것도 나빴던 것도, 경험과 기억이라는 이름으로 인생에 남기에 항상 조심하면서 살아야 한다. 과거는 지워지지 않고, 짊어져야 한다. 한순간도 우리는 우리의 인생으로부터 도망칠 수 없다. 그 과거를 어떻게 받아들이고 앞으로 나아갈 것인가가 남겨진 과제이다.

"쌤, 저 진짜 공부 열심히 하다가 카이스트 가는 거 아니에요?"

너스레를 떤다.

그래 설아야. 내일의 일은 모르는 법이다. 혹시 아니? 네가 진짜 카이스트에 갈지, 어쩌면 유퀴즈에 섭외될지. 그러니까 남은 시간도, 퇴소하고 난 후에도 사고 치지 말고, 나쁜 짓 하지 말고, 한 번 열심히 살아 보자.

네 가슴이 메워지길
기도하는걸

"맨날 이런 것만 읽고 싶어요. 진짜 너무너무 좋았어요."

"요새 읽기 참 적절했다 싶어요."

"저한테 필요한 책이었어요."

오늘은 책에 대한 반응이 아주 뜨겁다. 거의 역대 최고다. 덩달아 나의 기분도 둥실둥실 좋아진다. 책 읽는 재미, 센터에 있는 동안 그거 하나만 알게 되어도 인문학 수업은 대성공이기 때문이다. 나에게 꼭 맞는 책을 찾기란 얼마나 어려운 일인가. 누군가 내어 준 과제를 해내기 위해 의무감으로 집어 든 책이 우리의 머리에, 마음에, 그리고 삶에 들어온다는 것은 기쁘고도 기적 같은 일이다.

이토록 기쁜 일을 아이들에게 일으킨 책은 《곰돌이 푸, 행복한 일은 매일 있어》(곰돌이 푸 원작, 알에이치코리아)다. 누구나 아는 애니메이션 캐릭터 '곰돌이 푸'의 원작 동화다. 포근하면서도 다정한 푸가 우리에게 들려주는 희망과 위로의 메시지가 가득 담겨 있다.

"저부터 읽을까요?"

아현이가 묻는다.

"그러자."

내 말이 떨어지자마자 독후감을 읽기 시작한다. 목소리에 힘이 들어가 있다. 수업이 시작돼서 살짝 신난 듯하다. 오늘은 여러모로 느낌이 좋다.

"소년분류심사원에서 읽었던 책이 생각났다. 이 책이랑 내용은 다르지만 약간 비슷하다. 곰돌이 푸는 조언을 해 주는데 심사원에서 내가 읽은 책은 행복해지는 법을 알려 주고 작은 글씨체로 실천하는 방법을 알려 줬다.

행복한 일들은 매일은 아니어도 단 한 번은 있을 거라고 생각한다. 그리고 '나를 사랑한다면' 이 문장이 나올 때 나 자신을 사랑한 적이 있나, 하는 생각이 들었다. 심사원은 행복을 주지 않고 시키는 대로 해야 하고 그 일을 하지 않으면 처분에 영향이 가기 때문에, 행복이 무엇인지 가끔 기억이 안 나는 때도 있기 때문이다. 책을 읽으면 행복한 기억들이 하나하나 떠오르고 그 기억을 계속 떠올리는 게 나에게 매일 행복을 주는 것 같기도 하다. 그리고 '나는 너랑 함께 보내는 하루가 좋아. 그래서 오늘 하루도 나는 제일 좋아'라는 말이 좋기도 하고 따뜻하기도 하다. 나에게도 행복한 날이 천천히 생긴다는 느낌이 들었다."

행복의 예감은 설렌다. 늘어지게 잠을 자고 일어난 일요일 오후보다 금요일이 더 설레듯이, 앞으로 즐거운 일이 펼쳐질 것이라는 기대는 일상을 버티게 해 주는 활력소다. 비단 가까운 미래뿐 아니라, 10년 후 혹은 30년 후의 먼 미래에 대한 희망이 오늘의 고통을 감내하게 하기도 한다. 반대로 과거의 행복했던 기억이 현재를 살아갈 의미가 되어 주기도 한다. 인간은 과거, 현재, 미래를 동시에 살아간다. 그래서 아현이가 책을 통해 행복했던 기억을 하나둘씩 꺼내어 보고, 또 앞으로의 삶에 희망을 거는 것이 무척 대견했다. 칭찬을 담뿍 해 주었다.

"아현아, 나 자신을 사랑한 적이 있었나 싶다고 했잖아. 지금은 어때? 스스로를 사랑하는 것 같아?"

"저는 사랑받고 싶다는 생각은 많이 했어요. 엄마도, 아빠도 사랑받고 같이 행복하고 싶었고요, 친구들한테 왕따 안 당하고 애들이 나를 좋아했으면 좋겠고, 남자도 그렇고요. 근데 내가 나를 사랑한다는 건 생각을 안 해 봤어요. 좀 새로운 것 같아서 적어 봤어요."

"그랬구나. 사람의 마음에는 다른 사람한테 받는 사랑으로는 채워지지 않는 구멍이 있다고 해. 자기 자신이 사랑해 줘야 그 구멍을 메울 수 있대. 앞으로는 한 번 아현이 자신을 사랑해 줘 봐. 사랑받을 만한 사람이잖아."

내 말이 듣기에 나쁘지 않았는지 아현이가 배시시 웃는다.

"쌤, 그럼 이번엔 제가 읽을게요."

송이의 글 낭독이 시작된다.

"곰돌이 푸 책을 읽으면서, 행복의 의미를 다시 생각해 봤고 나 자신의 가치도 느껴 봤습니다. 또 굳이 다른 사람의 행동에 집착할 필요도 없고 남을 인정하며 나 자신 또한 용기 내어 나의 삶을 살아갈 수 있게 해 주는 책인 것 같습니다. 저는 항상 남을 의식하고 남이 시키는 것만 하는 성격인데 반성도 됐습니다. 또 남의 가치관을 나에게 주입시키는 습관도 그만해야겠다고 생각했습니다. 주변의 말에 휘둘리지 않고 나의 신념을 끌고 가는 성격을 갖고 싶고 그러려고 노력해야겠습니다. 하고 싶은 일을 하며 행복하게 살아가는 법을 이 책에서 배울 수 있는 것 같습니다. 제 주변 소중한 사람들에게 추천해 주고 싶습니다."

송이는 남의 눈치를 자주 보고 분위기에 휩쓸리는 점을 고치고 싶다고 자주 말한다. 자신이 원치 않는 일을 하고 후회하는 일이 많았기 때문이라고 했다. 송이가 다른 사람을 배려하면서도 자신의 삶을 살길 응원한다. 어느 누구도 내 삶을 대신 살아

주진 않기 때문이다.

마지막은 한솔이의 독후감이다. 이번 책이 재밌었다고 누구보다 열렬히 반응한 한솔이는 여느 때보다 길고 솔직한 글을 써 왔다.

"오늘 읽은 곰돌이 푸가 원작인 책은 읽는 데 크게 어려움도 없었고 그림도 너무 귀엽고 위로와 조언이 되는 글귀까지 너무 나도 잘 어울린다는 생각이 들었다. 듣고 싶었던 말도 있었고 솔직히 인정하고 싶지 않았던 일들도 여기 나와서 조금 놀라기도 했다.

책을 읽다 보니 너무 슬퍼졌다. 주변에 이런 얘기를 해 주는 사람이 없어서인지, 푸가 내 곁에 있어 준 것 같았다. 그리고 한편으로는 내가 푸에게 친구가 되어 준 것 같았다. 이번에 책을 읽으면서 나도 글을 꼼꼼히 읽게 되었다. 특히 이 책은 집중이 잘됐다.

표지에는 곰돌이 푸가 엄청 크게 나와 있고 큰 미소를 짓고 있다. 내 생각에는 '괜찮아, 마음의 위로가 필요할 땐 들어와도 돼. 그리고 행복한 일들은 매일 있어. 걱정 마. 다 괜찮아질 거야' 이렇게 얘기하는 것 같았다. 표지만 봐도 푸에게 너무 고마워졌다. 실제로 존재하면 좋겠다고 생각했다. 실제로 존재한다면 '나를 위로해 주지 않을까?' 하는 생각도 들고…. 엄마한테 위로를 받는 만큼이나 도움이 크게 될 것 같다.

이번 책은 나 말고 누군가에게도 큰 도움이 될 것이라 생각했다. 아직 17년밖에 안 살아서 부족한 게 너무나 많으니까 인생 선배에게 조언을 듣는 것 같기도 했다."

누구나 한 번쯤은 느껴 봤을 것이다. 세상에 혼자 남겨진 기분을. 나만 이상한 사람이어서 아무도 나를 이해할 수 없고, 누구와도 말이 통하지 않을 것 같아 외톨이가 되어 가라앉는다. 그 쓸쓸함을 위로해 주는 귀여운 곰돌이 친구가 한솔이 곁으로 갔다. 푸는 성격이 단순하지만, 지혜롭다. 푸가 하는 말은 어떻게 보면 너무 착한 말, 맞는 말이라서 뻔하다. 그런데 세상에는 이 한마디에 감동받는 사람들이 있다. 왜냐하면 처음 들어 본 말이어서다.

세상에 따뜻함이 존재한다는 것을 저절로 아는 사람은 없다. 누군가 가르쳐 주어서, 혹은 언젠가 그 온기를 느껴 봤기에 아는 것이다. 극단에 다다른 고뇌를 화폭에 풀어 놓다가 홀로 죽음을 맞이한 네덜란드의 화가 고흐도 예외는 아니었다. 살아생전에 단 한 점의 그림밖에 팔지 못했던, 당시로는 실패한 화가였던 고흐는 끝까지 포기하지 않고 그림을 그려서 유화로만 따졌을 때 3일에 하나꼴로 그림을 완성하였다. 고흐는 사람들이 자신을 사회의 최하 계층으로 볼 것이라고 말했다. 실제로 가난하고 정신적, 육체적으로 피폐했던 그였지만 추운 겨울 아기와 함께 떨고 있는 여자에게 잘 곳과 먹을 것을 나누어 줄 만큼 약한 존재에 대한 연민을 지니고 있었다.

온 우주의 외로움을 다 껴안은 듯한 고흐에게도 늘 그를 믿어 주고 후원해 주는 존재가 있었으니, 그의 동생 테오다. 테오는 고흐와 편지를 주고받으며 안부를 전하고 고흐를 지지했다. 고흐는 테오에게 보내는 편지에 스케치하며 작품의 밑그림을 만들기도 했다. 다음은 1889년 5월 2일 테오가 형 고흐에게 보냈던 편지의 일부다.

"작년은 내게 경제적으로 괜찮은 한 해였어. 그러니 내게 부담을 줄까 두려워하거나 망설이지 말고 내가 보내는 것을 받아써도 괜찮아. (중략)

형이 완성한 작품들을 생각해 봐. 그런 그림을 그릴 수만 있다면 더 바랄 게 없다고 소원하는 사람들이 얼마나 많은지 알아? 형은 더 이상 뭘 바라는 거야? 뭔가 훌륭한 것을 창조하는 것이 형의 강렬한 소망 아니었어? 이미 그런 그림들을 그려 낼 수 있었던 형이 도대체 왜 절망하는 거야? 게다가 이제 곧 더 훌륭한 작품을 만들 때가 다시 올 텐데 말이야. 퓌비 드 샤반, 드가, 그리고 다른 화가들을 봐도 그렇잖아? 형이 의지만 있다면 아주 빠른 시일 안에 다시 작업을 시작할 수 있을 거라고 확신해. 형이 작업실로 돌아가서 습기 때문에 그림에 곰팡이가 핀 걸 봤을 땐 절망감을 느끼기도 했겠지. 나도 무척 속이 상했어.

하지만 우리 희망을 갖기로 해. 형의 불행은 분명 끝날 거야."

우리 모두에게는 나를 보살펴 줄 사람, 내 편이 되어 줄 사람, 나를 가치 있게 평가해 줄 사람이 필요하다. 그런 존재가 단 하나라도 있다면 행복했던 그 기억으로 남은 세월을 살아갈 수 있다. 현실에서 아무리 주위를 둘러보아도 그런 사람을 찾을 수 없다면 책 속을 잠깐 들여다보는 것도 훌륭한 방법이다. 기적 같은 확률로 웬 다정하고 귀여운 존재가 마음속으로 다가와 쓸쓸하게 얼어붙었던 마음을 녹여 줄지도 모르기 때문이다.

그 기적 같은 일을 해낸 아이들에게 칭찬 세례를 마구 퍼부었다. 그리고 나의 마지막 한마디. 다음에는 너희가 테오가 되고 푸가 되어 세상에 따스함을 전해 주지 않을래? 누군가에게 사랑을 알려 주는 존재가 되어 주지 않을래? 쌤이 과한 기대를 하는 걸까. 그렇지만 쌤은 너희들이 정말 잘 살았으면 좋겠는걸. 사랑받고 사랑하는 충만함으로 남은 세월 동안 새로운 기억을 써 내려가길 바라는걸. 너희 가슴에 뚫린 구멍이 메워지길 기도하는걸.

쌤이 과한 기대를 하는 걸까
그렇지만 쌤은 너희들이
정말 잘 살았으면 좋겠는걸

사랑받고 사랑하는 충만함으로
남은 세월 동안 새로운 기억을
써 내려가길 바라는걸

너희 가슴에 뚫린 구멍이
메워지길 기도하는걸

흙탕물에서
연꽃은 핀다

유독 아이들의 자세가 반듯하다. 무릇 수업 시간에는 한쪽 팔에 뺨을 기대어 책상에 엎드려서 끄적끄적 낙서하는 아이, 맨발을 의자에 올리고 쭈그려 앉아 멍 때리는 아이 등이 각양각색 혼재하는데, 오늘은 전반적으로 자세도 분위기도 정돈되어 있다. 독후감도 건성으로 날린 표시 하나 없고 모두 꼭꼭 눌러써 왔다.

"이번에 읽은 책은 좀 어땠어?"

본격적으로 수업을 시작하기에 앞서 아이들에게 물었다.

"아, 뭔가 울컥하면서도 작가가 대단했어요."

"좀 슬픈데도 좋았어요. 응원하고 싶어요."

"대단해요, 진심."

제각기 작가님에 대한 경외심을 표현한다. 아이들이 이번 주 읽고 독후감을 써 온 책은 《눈물도 빛을 만나면 반짝인다》(김영서, 이매진)이다. 초등학교 5학년부터 대학교 1학년까지 9년간 친아빠에게 친족 성폭력을 당한 후 생존한 김영서 작가의 이야기가 담겨 있다. 2012년 초판에서는 '은수연'이라는 가명으로 출판했다가 세월이 바뀌고 사람들의 인식이 변화하자 2020년 본명인 '김영서'로 재출간했다. 아이들은 이 책의 무게를 실감하고 있었다.

연희는 독후감을 다음과 같이 적어 발표했다.

"이 책은 성폭력 피해자가 치유해 나가는 내용을 담은 책이다. 일단 난 이 책을 읽으면서 가슴 한 짝이 시렸다. 그 정도로 감명 깊게 읽었다. 읽기 전부터 기대하며 읽었는데 그만큼 여기 나오는 지은이의 심정을 잘 헤아릴 수 있었던 것 같다. 그리고 나는 많은 성폭력 피해자들이 이 책을 읽고 그 상처들을 새로운 자신감과 위로들로 채워 나가 빨리 사그라들었으면 좋겠다는 마음뿐이다.

그리고 이 책에도 나와 있었는데 내 생각에도, 피해자들의 상처와 아픔을 생각하지 않는 무례한 말들은 제발 없어졌으면 좋겠다. 정말 피해자들의 마음 좀 생각해야 한다. 정리하자면 내가 이 책을 좋게 읽었듯이 많은 사람이 읽었으면 한다. 그리고 난 제목의 뜻이 눈물은 어둡고 무거운 존재 같아도 빛을 만나면 밝은 존재가 되어 반짝거릴 수 있다는 것 같아 인상 깊었다."

시려 오는 가슴만큼 진술한 이야기를 적어 냈구나. 피해자들의 마음에 공감하는 사회가 되길 바라는 마음이 참 잘 드러났다. 책에 공감하면서 연희 본인의 생각을 잘 풀어낸 지점이 아주 좋다고 칭찬했다. 제목의 뜻을 나름대로 이해해 본 것도, 독서에 깊이를 더하고 있었다.

책을 읽는 내내 마음이 아팠다는 송이는 가장 충격적이었던 장면을 중심으로 글을 써 왔다.

"이 책은 실제 있었던 일로 쓴 책이다. 영서는 살기 위해 도망도 쳤지만 잡혀서 구타를 당했다. 6학년 때 임신을 하게 되는데 아빠가 애를 지우게 해서 어린 나이에 낙태까지 하게 된다. 친구도 아빠가 성폭행해서 친구도 잃는다. 이 책을 읽고 많은 생각이 들었다. 어린 나이에, 그것도 친아빠한테 긴 시간 동안 성폭행을 당한 영서가 마음이 아팠다. 안 죽고 버텨서 산 게 정말 대단하다고 생각했다."

"쌤, 저 질문 있어요. 송이가 많은 생각이 들었다고 했는데 어떤 생각인지 궁금해요."

송이의 글을 들은 이서가 말했다.

"오, 좋은 질문이다. 송이야, 이서의 질문에 말해 볼래?"

"솔직히 화도 났고요, 가해자가 너무 악질이어서요. 근데 또 영서가 불쌍하고 마음 아프니까 위로해 주고 싶기도 하고, 책 쓴 게 대단해서 멋있기도 하고, 많은 생각이 들었어요. 그래서 그렇게 적었어요."

"정말 다양한 생각을 했구나. 송이가 책을 아주 열심히 읽었나 보다."

"다 끝났으면 이제 저 읽을게요."

한솔이가 독후감을 읽기 시작한다.

"작가가 세상에 홀로 나와서 성폭력이라는 문제가 '개인의 재수 없음'이 아니었다고 하는데 그 점이 기억에 많이 남았다. 김영서 작가는 초등학교 5학년 때부터 한 10년 동안 아빠라는 이름의 가해자에게서 성폭력을 당했는데 그 지옥에서 탈출 시도를 많이 했지만 실패하고, 오히려 사람들은 아빠 편을 들면서 김영서 작가를 아빠한테 대드는 사람이라고 했다. 그러다가 끝내 마지막에 벗어나게 되는데 정말 그동안 얼마나 힘들었을지 나는 감히 짐작조차 할 수 없을 것 같다. 김영서 작가가 고통스러웠던 기억을 써 줘서 고맙다는 생각도 들었다. 세월이 지나면서 상처가 좀 나아졌으면 좋겠다. 지금처럼 이렇게 세상에서 글도 쓰고 힘차게 잘 살길 바란다."

"개인의 재수 없음이 아니라는 게 무슨 말이었는지 기억이 잘 안 나요. 설명해 주세요."

이서가 물었다. 오늘따라 이서가 질문이 많다.

"재수 없이 잘못 걸려서 성폭력 당한 게 아니라고."

한솔이가 대답했다.

"그러면?"

다시 묻는 이서. 눈을 똘망똘망하게 뜨고 냅다 질문을 던진다. 한솔이는 다시 설명을 이어 간다.

"가해자가 잘못한 거잖아. 안 하면 되는 걸 가지고 재수 없었다고 말하면 안 되지. 그게 뭐 지진이나 비가 오는 게 아니잖아. 막을 수 있는 일인데 옆에서 다들 영서 편 안 들어주고 가해자 편들잖아. 그런 뜻 아닌가? 맞는 듯?"

"아항, 나 이해했어."

이서가 손으로 오케이 사인을 보내며 이해됐다고 표시한다. 그리고 마지막 순서로 독후감을 낭독한다.

"이 사람은 별의별 험한 일을 겪었다. 근데 이야기 끝에 가서 이 사람은 결국엔 예수님을 믿고 아빠를 용서하는데 그 '용서'라는 걸 해야 한다는 게 너무 불쌍하다. 무슨 아빠라는 인간이 매일같이 가리지도 않고 성폭행하고 말 같지도 않은 소리 하고 엄마랑 동생은 무시하고. 진짜 이게 뭐야, 하면서 다시 읽기를 반복했는데 대박이었고 이 사람이 너무 불쌍하다.

나는 솔직히 성폭행은 당해 본 적 없지만 아동 학대는 받아 봐서…. 그렇다고 저 사람을 다 이해할 순 없지만, 얼마나 고통 속에서 그렇게 살아왔을까 싶다. 어쨌든 이 모든 상황 속에서 이 사람은 예수님이라는 한 분을 믿고, 다른 성폭력 당한 사람들을 조금이라도 위로해 주려는 마음에 그 어려운 마음을 이겨 내고 책을 쓴 게 너무 대단하다. 그래서 이 책은 내 마음을 조금 치유해 주는 책인 것 같다. 너무너무."

이서는 작가가 가해자를 용서한 것이 너무 마음에 안 든다고 했다.

"그런 인간을 왜 용서해요."

성폭력을 당한 것도 억울해서 팔짝 뛸 노릇인데 용서까지 해야 한다는 게 부당하게 느껴진다고 했다. 용서는 너무 힘들기 때문이다.

나는 아이들에게 '영서에게 편지 쓰기'를 해 보자고 했다. 친부에게 성폭력을 당하면서도 아무 말 못하는 같은 또래의 여자 아이, 그 시절의 김영서에게 해 주고 싶은 말을 적는 것이다. 쓸 시간을 5분 정도 주었고, 아이들은 제각기 위로와 존경의 말을 적어서 발표하였다.

저자인 김영서 작가와 같은 상처 입은 치유자가 우리나라의 신화 속에도 있다. 바로 죽은 이들의 넋을 위로하는 바리공주다. 태어나자마자 임금인 아버지에게 버려져서 이름마저 '바리'였던 그는 가족에게도, 국가에게도 보호받지 못했다.

바리공주의 위대함은 사회의 뒤틀린 면모를 온몸으로 경험하면서도 악을 악으로, 복수와 분노로 갚지 않고 상처 받은 다른 존재의 목소리를 먼저 생각했다는 것이다. 자신의 슬픔과 결핍에 매몰되어 상처를 재생산하지 않았다. 자기 앞에 온 고난과 역경을 온전히 자신의 것으로 받아들이고 방황하는 다른 이들을 이끌어 주는 존재로 발돋움했다. 이승과 저승을 오가며 망자들을 인도하는 신이 된 것이다. 마치 죽음과 삶은 하나라는 뜻 (생사불이, 生死不二)을 가진 꽃, 연꽃처럼 흙탕물에도 더러워지지 않고 순수하고 아름답게.

그리하여 바리의 노래는, 한 시절의 종말을 의미하는 장송곡이 아니다. 버려진 사람들을 향한 위로이자 씻김굿이고 새 시대를 여는 희망의 노래다. 눈물도 빛을 만나면 반짝이는 법이고 흙탕물에서 연꽃이 피는 법이다.

박힌 가시를 떨치며

"'시'란 무엇인가. 공책 첫 페이지에 받아 적어라."

내가 초등학교 5학년 때, 담임 선생님은 첫날 첫 시간에 시 수업을 하셨다.

"시라는 것은, 목구멍 끝까지 차올라서 더 이상 참을 수 없는 말을 토해 놓은 것이다."

그 말씀을 듣고 나와 우리 반 친구들은 연필을 멈칫거렸다. 교과서에도, 참고서에도, 인터넷 강의에도 나오지 않는 그 참신한 말을 정말 공책에 적으라는 것인가. 무엇보다 오늘 처음 뵌 이 선생님은 어떤 개성이 있으시길래 첫날 이런 말씀을 하시는

가. 앞으로 우리에게 펼쳐질 1년은 어떤 모습으로 전개될까.

멈칫거리는 우리를 보고 선생님은, 너희가 잘못 들은 게 아니라는 걸 확인해 주시듯 조용하고 분명한 말투로 다시 말씀하셨다. 시란, 목구멍 끝까지 차올라서 더 이상 참을 수 없는 말을 토해 놓은 것이라고.

오늘은 아이들과 시집《필 때도 질 때도 동백꽃처럼》(이해인, 마음산책)을 읽고 수업하는 날이다. 수업을 준비하며 나는 초등학교 5학년 때 선생님의 목소리가 떠올랐다. 듣자마자 의아함과 신선함이 동시에 마음을 내리치고, 시간이 흐른 지금까지도 내 안에 살아 있는 목소리였다. 나는 아이들에게 시가 무어라고 말할 수 있을까. 그리고 아이들은 시를 무어라고 생각하게 될까.

아이들은 각자 기억에 남는 문장 위주로 글을 적어 왔다. 이 센터의 독서 감상문 포맷에는 늘 아래쪽에 '기억에 남는 문장' 칸이 따로 있다. 맨 위에는 작은 칸으로 읽은 날짜와 도서명, 글쓴이, 그리고 본인의 이름을 적을 수 있게 되어 있고, 가장 많은 부분을 차지하는 칸은 '나의 감상'이다. 아이들은 매 수업 시간마다 나의 감상과 기억에 남는 문장을 소리 내어 읽는다.

"저에게 가장 기억에 남았던 문장은 '상처는 그리움이 되고 꽃이 되어 나를 행복하게 하네'입니다. 왜냐하면 다시 태어나는 느낌도 들고 진짜 맞는 말 같았기 때문입니다. 저도 이 말처럼 살 수 있으면 좋겠다는 생각이 들었습니다. 상처는 아픈 거고,

흉터로까지 남으면 볼 때마다 더 아픈 거지만 그리움처럼 계속 생각나다가도 나중에는 예쁜 꽃이 돼서 볼 때마다 기분 좋아진 다는 뜻 같습니다."

슬기가 말했다. 슬기는 문학적 감수성이 풍부한 아이다. 시나 소설 속의 은유적이고 함축적인 문장을 해석하는 능력이 뛰어나다. 나는 그런 슬기의 감성이 우울하고 쓸쓸한 기분에 빠지지 않고 희망적인 이야기로 나타날 때 더욱 반갑다. 그 아이의 섬세함이 그 자신을 괴롭히지 않길 바라기 때문이다.

"쎔, 근데 어떻게 해야 이렇게 할 수 있어요?"

"응? 무슨 말이야?"

슬기의 물음에 내가 되물었다. 슬기는 '상처가 행복이 되는 법'을 물은 거라고 말했다.

"음, 글쎄….."

어려운 질문이었다. 나는 불확실하게 엉킨 생각을 고민 없이 내뱉기보다는 대답을 유보하기로 결정했다.

"쎔도 어려워서 잘 모르겠다. 한 번 고민해 보고 좋은 게 떠오르면 그때 말해 줘도 될까?"

"네, 감사합니다."

슬기의 쿨한 대답에 이어서 다음으로는 지우가 발표를 시작했다.

"쎔, 그럼 제 차례죠. 제가 말할게요. 저한테 가장 인상 깊었던 문장은 '마지막 인사를 하게 눈을 떠 보셔요. 평소에 못한 사랑의 인사를 꼭 한 번은 하고 당신을 보내야 할 것 같은데'입니다. 이 문장은 〈작별 인사〉라는 시에 나와 있었습니다. 예전에 할머니가 돌아가셔서 할머니 가루(?)를 옮기고 할 때 진짜 작별 인사랑 비슷하다는 생각이 났습니다. 사실 저는 그때 어리고 해서 아무것도 몰랐지만 왠지 이 시랑 비슷합니다. 이해인 수녀님이 이 책을 만들 때 여러 가지 의미를 담아서 적은 것 같았고 그래서 대단합니다."

지우와 마찬가지로 단비도 이별에 관한 문장을 적어 왔다.

"기억에 남는 문장은 '이별은 또 하나의 죽음임을 처음 알았다'입니다. 〈이별의 슬픔〉이라는 시에 나온 문장입니다. 나는 아직 내가 진정 사랑하는 사람과 이별해 본 적이 없어서 공감할 순 없지만 이 시를 읽으니 마음이 아파집니다. 이해인이라는 분은 이별을 잘 이겨 내는 것 같아 존경스럽습니다. 그리고 저는 이해인이라는 이름을 많이 들어 보았는데 오늘 이 책이 이해인이라는 분이 적었다니 흥미로웠습니다."

"오늘은 이별에 대한 이야기가 많구나. 너희들은 '이별'이라는 말을 들으면 무슨 생각이 가장 먼저 드니?"

"그리움이요."

"아프기도 하고 외롭기도 해요."

"여기 시에 나온 것처럼, 하고 싶은 말이 있어도 전할 수 없는 상태가 되는 거요."

"누구나 다 겪는 거요. 사람은 다 죽으니까요."

"좋아. 다들 너무 좋다. 그럼 각자 말한 그 마음을 시로 표현해 보자. 쌤이 저번에 말한 것처럼, 시는 정서 표현의 문학이야. 너희들이 지금 느낀 감정을 노래 가사로 쓴다고 생각하면 쉬울 거야. 지금부터 3분 동안 써 보자."

"쌤."

지우가 나를 부른다.

"편지 쓰듯이 해도 돼요? 작별 인사 못한 거 하는 말투로요."

"얼마든지 가능하지. 아주 좋은 생각이다."

〈작별 인사〉라는 시가 인상 깊었다더니, 마지막 인사말을 시에 담고 싶었나 보다. 지우가 책을 제대로 읽었구나, 대견하다.

지우가 쓴 시는 다음과 같았다.

"할머니, 당신을 떠나보낸다는 것은 덧없이 슬프기만 하는구나. 끝내 떠나보내지 못하고 움켜쥔 그리움이 내 마음에 갇혀 있네. 그러나 울고만 있는 내 마음 그대가 모르길. 갑자기 떠나간 당신의 신분증과 여권만 만지작거리네. 혼자서 말해 보네. 그때 마지막으로 사랑한다는 말을 못해서 미안해요. 보고 싶어요. 그러나 이 마음 그대가 모르길."

박수가 쏟아졌다. 옆에서 슬기가 잘 썼다고 지우에게 엄지를 내민다. 지우는 기분이 썩 좋아 보인다.

"그런데 지우야, 왜 그 마음을 그대가 몰랐으면 했어? 작별 인사면 꼭 전하고 싶은 말 아니야?"

슬기가 물었다.

"할머니가 마음 편히 갔으면 해서."

지우의 대답에 슬기는 고개를 두어 번 끄덕거렸다. 그리고 자기 차례에 따라 시를 발표하기 시작했다.

"마지막 남은 고기를 봐도 마지막의 쿠폰을 봐도 마지막 먹은 밥을 봐도 마지막의 그대 모습을 보니 언제 멈출지도 모르는 눈물이 나요. 마지막이 수많은 세상인데 왜 그대와의 마지막은 이리도 슬픈가요."

슬기는 아빠의 장례식이 끝나고 집에 돌아와 아빠가 남긴 흔적을 보며 느꼈던 감정을 적었다고 했다.

"너희 글을 들으면서 정말 감탄하게 된다. 오늘 왜 이렇게 다들 시를 잘 쓰지? 와, 진짜 굉장하다. 쌤이 평소 같았으면 너희 시에 대해 칭찬할 부분을 낱낱이 생각해서 말하는데 이번에는 굳이 말을 덧붙이지 않고 박수를 한 번 더 쳐 주고 싶다."

삶의 진솔한 아픔이 드러난 아이들의 글에 오늘만큼은 아낌없는 찬사를 주고 싶었다. 가슴 깊이 사무쳐 있는 그것을 꺼내 놓는 일은, 상처를 도려내는 것만큼 욱신거리지만 카타르시스도 동반하는 법이다. 지금 아이들이 풀어놓은 자기들의 진실함을 스스로 온전히 마주하길 바랐다.

"쌤, 그렇게 감동하시면 제 글 보고 실망하실 텐데요."

단비가 손을 들고 말했다. 나는 분명히 잘 썼을 테니 걱정 말고 읽어 보라고 했다. 단비는 충청도 사투리로 자작시를 읽기 시작했다.

"제목, 이별. 이별은 가뭄이여~ 내 마음이 마른다. 쩍쩍 갈라진다. 아아~ 이별은 폭풍이여~ 내 마음의 모든 걸 쓸어내려 가네. 아아~ 이별은 꽃이여~ 질 때는 질 것이지만, 시간이 지나면 다시 한 번 시작되리라. 끝이에요. 쌤이 노래 가사처럼 써 보래서 이렇게 써 봤습니다! 그리고 아까 책에서 이별은 죽음이라고 했는데, 저는 이별을 해도 추억은 남아 있기 때문에 다시 시작된다고 생각했습니다!"

단비의 경쾌한 낭송에 다 함께 박수로 화답했다. 이렇게 수업을 마무리하려던 찰나, 슬기가 손을 번쩍 들었다.

"쌤, 생각해 보셨어요? 상처가 그리움이 되고 또 꽃이 되다가 행복이 될 수 있는 방법요. 생각해 본다고 하셨잖아요."

아차, 그렇지.

"오늘 수업 내내 조금씩 생각해 봤는데, 우리는 모두 살면서 힘든 일을 겪고, 상처가 생기잖아? 상처가 생길 때 마음에 박혀 버린 가시들을 떨쳐 내면서 자신을 잘 위로해야 하지 않을까 싶어. 오늘 수업 시간에 지우, 단비, 슬기가 시를 쓴 것처럼. '카타르시스'라는 말이 있어. 해로운 걸 없앤다는 그리스어에서 나온 말이야. 그냥 평범한 날들이 지속되는 것보다, 아픈 일을 겪고 난 다음 그것을 잘 해소하면 더 행복해질 수 있다는 의미를 담고 있어."

슬기는 '카타르시스'라는 생소한 말을 제대로 들은 건지 몇 번이고 확인하며 받아 적었고 그렇게 오늘의 수업이 마무리되었다.

우리는, 김광석의 노래 〈서른 즈음에〉의 가사처럼 매일 이별하며 산다. 세월과 함께 마음에 박힌 가시를 떨쳐 내면서. 내 말을 받아 적는 슬기의 모습에서, 내가 어렸을 적 담임 선생님의 말을 받아 적던 것이 다시 한 번 떠올랐다. 어쩌면 그때 선생님이 말씀하셨던, 목구멍까지 차올라서 토해 낸 그것은 세월의 가시가 아니었을까. 못다 한 작별 인사처럼, 지나간 시간 속에 응어리져 버린 가시가 점점 더 깊이 파고들어 우리를 파괴하지 못하도록 시는 섬세하고 쓸쓸한 감정 속에도 희망과 행복을 숨겨 둔 것이다.

꺾이지 마

"솔직히 저는 백 살까지 살 용기가 없어요."

시바타 도요(柴田トヨ)의 시집 《약해지지 마》(지식여행)를 읽고
단비가 한 말이다. 저자인 시바타 도요는 백 살이 가까워진 나
이에 자신의 첫 책인 《약해지지 마》를 출판했다. 시 곳곳에서
그의 나이가 드러난다. 단비는 그렇게 오래 살아갈 용기가 자신
에게는 없다고 했다.

"오래 살고 싶은 마음도 없는데 용기는 더더더더 없는 거예
요. 그 시간을 어떻게 버틸지 막막해요. 지금까지 사는 것도 쉽
지 않았는데 어른 되고 나이 들면 얼마나 더 힘들겠어요. 벌써

부터 질리는 것 같아요."

단비는 염세적인 투로 말했지만, 나에게는 그 말이 부정적으로만 들리지는 않았다. 아이의 말은 자신이 젊다는 걸 아는 사람의 말이었고, 그래서 살아온 날보다 살아갈 날들이 많음을 확신하고 있는 사람의 말이었기 때문이다.

"그래, 사는 게 쉽지 않지. 오래 살면 그만큼 힘든 일도 많이 겪었다는 걸 거야. 단비는 이 책을 읽으면서 작가의 나이가 인상 깊었구나?"

"네, 저 글도 그렇게 썼어요."

"그럼 오늘은 단비 글을 먼저 읽으면서 수업을 시작해 보자."

"오늘 읽은 책의 제목은 《약해지지 마》입니다. 처음에는 이 책의 글쓴이가 늙은 할머니인 걸 알고 '할머니면 약하면서 무슨 훈수지'라고 생각이 들었는데 책을 다 읽고 나니 그런 생각을 했던 자신이 부끄럽습니다. 제가 3분이면 읽는 시 한 편을 짓는 데 일주일 이상의 시간과 노력을 들인다는 것은 참 대단하다고 느껴졌고 나이는 정말 숫자에 불과하다는 것을 다시 한 번 되새김질하게 됩니다.

체력이 이미 좋지 않아도 시바타 도요는 삶에 있어서 뭐든지 굉장히 열심히 하는데 지금 나는 뭘 하면서 살아가고 있는지 자신이 한심하게 느껴지고 왠지 용기가 안 났습니다. 그런데 이 책은 나에게 여러 가지 용기를 주는 것 같습니다. 오래 살기는 싫지만, 할 수 없다는 핑계는 대지 말아야겠습니다."

단비 글을 들은 지우가 입을 열었다.

"저랑 좀 비슷한 생각을 한 것 같아요. 곧 백 살인 연세에도 결코 늙음이나 외로움에 좌절하지 않고 다시 일어나 매 시간 매 하루를 값지게 살아가시는 할머니 모습이 대단하게 느껴졌고 18세인 저는 하루하루 힘들다고 무기력감에 빠져 있었구나 생각했거든요. 저는 백 살 되면 그렇게 못할 것 같은데 대단하고, 저도 좀 열심히 살아야겠다고 생각했습니다."

단비도 지우도, 백 살이라는 나이에 압도되어 작가처럼 그 나이까지 힘차게 살아가야 한다는 부담감을 느끼면서도 현재를 살아 나갈 힘을 얻고 있었다. 사실 백 살은 어마어마한 게 맞다. 나이가 세 자리가 되는 일은 주변에서도 흔히 볼 수 없는 일이다.

"둘 다 시를 읽으면서 힘을 얻은 것 같아서 좋다. 슬기는 어때? 이 책을 읽으면서 작가의 나이가 많다는 것에 대해 어떤 생각을 해 보았는지 말해 볼까?"

"저는 작가 나이 많은 것에는 막 엄청나게 인상이 깊지는 않았어요. 신기한 일이기도 하고, 대단한 것도 맞는데 저는 시 내용이 조금 더 인상 깊었어서요."

"오, 그래? 어떤 부분이 인상 깊었는지 이야기해 줄래?"

"저는 이 책을 읽을수록 마음이 아팠어요. 아들을 사랑하는 마음이 크고 또 이 할머니는 늘 있는 일상, 당연한 것 같은 오늘과 내일, 매일매일을 소중하게 여기는 사람 같았어요. 근데 그런 건 어차피 영원할 수 없으니까 안타깝고 슬펐어요."

"슬기는 지우, 단비와 다른 관점으로 책을 읽었구나. 이렇게 같은 책을 읽어도 서로 다른 생각을 하는 게 또 인문학 수업의 묘미지. 슬기가 책을 읽고 안타깝고 슬프다고 했는데, 슬기에게 슬픔은 어떤 느낌이니?"

"저한테 슬픔은, 막 울고 싶고 그런 게 아니라요, 좀 가라앉는 느낌인데 나쁘진 않은 거예요. 오히려 좋은 기분 같아요. 원래 사람은 다 늙고 다 죽고 혼자 왔다가 혼자 가는 거잖아요. 그게 슬프긴 한데 막 울거나 할 일은 아닌 것 같아서요."

그 이야기를 듣고 있던 단비가 말한다.

"슬기 언니 얘기는 늘 알다가도 모르겠어요. 슬픈데 안 슬프다고 하는 것 같고, 저랑 다르게 참 심오한 사람인가 봐요."

슬기는 섬세한 감정선과 감수성을 가지고 있다. 그리고 죽음, 고독, 쓸쓸한 기분에 대해 자주 이야기한다. 때로는 다른 아이들의 이야기가 한쪽으로 기운다 싶으면, 색다른 이야기를 해서 분위기를 환기하기도 한다. 슬기와 거리가 먼 것을 꼽으라고 한다면 그건 평범하거나 즐거운 기분이다. 그렇다고 돌발 행동을 하거나 다른 사람을 피곤하게 한다는 뜻은 아니다. 오히려 인문학 수업에 진지하게 참여하고 자아 탐구에도 진심이다. 다행히도 지금 센터에서 같이 지내고 있는 지우와 단비도 그런 슬기의 이야기를 신기해하면서도 흥미롭게 듣는다. 나는 슬기의 말을 조금 더 발전시켜서 함께 이야기 나눠 보기로 생각했다.

"사람이 감정에 이름을 붙이던 순간을 상상해 보자. 동시에 한 가지 감정만 느끼는 사람이 있을까? 우리는 누군가를 사랑하면서도 미워할 수 있고, 그것을 애증이라고 부르지. 마찬가지로 슬프면서도 기쁠 수 있고, 무언가를 좋아하면서도 싫을 수 있단다. 잘 생각해 보면 다들 그런 경험이 있을 거야. 어쩌면 그렇게 다양한 색의 감정들을, 하나하나 이름을 붙여서 억지로 나누어 둔 건지도 몰라. 우리 이번에는 좋으면서도 싫은 것을 이야기해 보자. 각자 자기 삶에서 경험한 것을 기반으로."

생각하고 메모할 시간을 3분 준 다음, 순서대로 발표가 시작되었다. 첫 순서는 지우가 맡았다.

"내가 좋기도 하고 싫기도 한 것은 아빠다. 아빠를 생각하면 그렇다. 우리 아빠라서 생각하면 짠하고, 미안하고 속상할 때도 있다. 그렇지만 누구한테는 남자로서, 할머니한테는 아들로서 너무 잘못한 사람이다. 아빠로 인해 할머니는 손녀인 나를 키우느라 너무 힘들었다."

다음으로는 단비가 말했다.

"여기 센터에 온 것이요. 딱 올 그때는 제 인생에서 일어난 가장 나쁜 일이라고 생각했는데 인문학 수업도 하고 이런저런 좋은 경험이나 사람도 많이 만나서 좋기도 한 것 같아요."

'인문학 수업'에 힘을 주어 말하며 나를 보고 씩 웃는다. 늘 장난기 어리고 단순하게 행동하지만, 은근히 속정이 깊다. 나도 단비를 보며 미소를 지었더니, 이번에는 손가락으로 하트를 만들어 마구 날린다.

"쌤도 좋으세요?"

"뭐가?"

"쌤도 저희랑 수업하는 거 좋으세요?"

"좋지. 매 수업 시간 전에 간절하게 기도하는걸. 너희에게 조금이라도 좋은 이야기를 해 줄 수 있도록, 혹시라도 실수하지 않도록. 단비, 지우, 슬기 얼굴 보는 것도 행복하고."

"우와."

내 대답이 흡족한 눈치다. 이번에는 손을 입술에 갖다 대더니 키스를 날려 보인다.

"제 마음이에요."

"고마워, 이쁜 단비야. 자, 그러면 마지막 차례로 슬기가 말해 보자."

슬기는 글을 적어 놓은 종이를 들고 읽기 시작했다.

"가족사진. 왜냐하면 아빠의 젊었을 적 모습을 보면 평소에는 잊고 있었던 아빠의 죽음이 짙어 보여서. 유치원 졸업식 날 아빠한테 받았던 편지. 내 사진만 있는 아빠의 휴대폰. 크리스마스 날 같이 찍은 동영상. 내가 진짜 좋아하는 아빠가 살아 있을 적 모습인데, 힘들어서 볼 수가 없어서."

아버지라는 대상의 존재, 센터 생활이라는 현재 처한 상황, 그리고 대상의 부재에서 오는 두 가지 마음이었다. 사랑과 미움, 희망과 절망 사이에서 아이들은 제각기 외줄타기를 하듯 균형을 잡으며 오늘을 살아가고 있을 터이다.

나는 이 책의 제목 《약해지지 마》가 번역되기 이전 일본어로는 어떤 의미인지 설명하며 수업을 마치기로 했다.

"원래 제목은 '쿠지케나이데'(くじけないで)라고 해. 뒤에 있는 '나이데'는 '~하지 말아'라는 뜻이고, 앞에 있는 '쿠지케루'(挫ける)는 나뭇가지가 뚝, 하고 꺾이거나 발목, 손목 등을 접질리는 것을 뜻해. 그래서 기세가 꺾이는 걸 뜻하는 거지. 직역하자면 '꺾이지 마'가 되겠구나."

"오, 뭔가 그렇게 말하니까 더 강렬한데요. 더 센 느낌이에요."

단비가 추임새를 넣었다.

"그렇지? 백 살 가까이 지낼 수 있었던 비결이 바로 꺾이지 않는 마음이었을지도 몰라. 내일부터 또 시작될 슬프기도 하고 기쁘기도 한 매일매일을 굳건하게 버텨 보자. 쌤이랑 수업 마치고 다음 만날 때까지 일주일간, 한 번이라도 이 생각을 해 준다면 쌤은 정말 고마울 것 같다. 백 살이 될 수 있을지는 모르겠지만 인생이란 하루하루 살아가는 것 아니겠니."

"그런 것 같아요~~~."

"네!"

우리 모두는, 이 세상에서 시간을 보내는 것이 얼마나 어려운 일인지 안다. 그렇기에 백 살이라는 나이에 압도당한다. 게다가 그 긴 시간 동안 꺾이지 않은 마음으로 살아왔다면, 그래서 다른 이들에게 용기를 줄 수 있는 내공까지 있다면, 그 사람은 존재 자체로 힘이 되고 용기가 된다. 아이들이 오늘 이 시간 맛본, 책을 통해 위로와 용기를 얻는 경험을 잘 기억했으면 좋겠다. 그래서 그 기억이 평범하면서도 복잡한 이 하루를, 세상을 살아가는 힘이 되길 바란다.

사진이라도
찍고 싶은

"쌤, 왜 이렇게 늦게 오셨어요. 저 오늘 마지막 수업이란 말이
에요."

줌 화면을 켜자마자 세은이와 도연이의 얼굴이 나타났다. 평
소 내 눈앞에 보이는 풍경은 가로로 긴 탁자에 아이들 서너 명
이 나란히 앉아서 화면을 바라보고 있는 그림인데, 오늘 세은이
는 늦은 나를 책망하듯이 카메라 바로 앞에 서서 얼굴을 바짝
들이대고 있었다. 현재 나는 매주 목요일 저녁에 센터 세 곳에
서 인문학 수업을 연이어 하고 있다. 6시부터 9시까지 센터마
다 각각 한 시간씩 총 세 시간을 꼼짝 말고 앉아서 수업을 하는

데, 보통은 화장실 갈 시간을 위해 앞 수업을 5분 정도 일찍 마치는 편이다. 그런데 오늘은 배가 아파 8시 수업은 10분 후인 8시 10분에 시작해도 괜찮겠냐고 양해를 부탁드리는 카톡을 센터 선생님께 보내 놓았다. 그런데 타이밍이 어긋났는지 선생님은 내가 줌에 접속한 8시 8분까지 카톡을 읽지 않으셨고 아이들은 화면 앞에서 나를 기다리고 있던 것이었다.

나는 너무 미안한 마음에 자초지종을 설명했다. 그리고 사과했다. 세은이는 돌아오는 화요일에 퇴소하기에 오늘이 마지막 수업인데, 8시가 지나도 내가 안 들어오자, 인사도 못하고 작별해야 하는 줄 알았다고 했다.

"괜찮아요. 인사할 수 있으니까요. 오늘 남은 시간 동안 재밌게 있으면 된, 다람쥐~~."

세은이와 도연이가 입을 맞추어 '다람쥐'를 말하며 꺄르르 웃었다.

"그리고 오늘 헤어져도 언젠가 또다시 서은 쌤을 만나면, 돼지~~."

이번에는 줌 화면에 돼지머리가 여러 개 둥둥 떠서 위로 올라가는 효과까지 나왔다. 서로 마주 보며 동시에 돼지코를 하는 건 덤이다. 수업을 기다리며 맞춰 본 듯하다.

"가까이서 보니까 더 예쁘네. 세은이랑 도연이 피부가 정말 좋다."

"진짜요?"

아이들이 얼굴을 더 가까이 가져온다. 탁자에 앉아서 멀찍이 구경하던 하영이, 슬기, 지우도 앞으로 나온다. 순식간에 화면이 다섯 아이로 꽉 찼다.

"너희들 이렇게 한 화면에 모여 있으니까 예쁘기도 하고 좀 애틋하다. 사진 찍고 싶은데 못 찍는 게 아쉬울 정도야."

제각기 화면에 대고 포즈를 취한다. 손가락 브이, 꽃받침, 치통 포즈, 볼 하트, 오리 입술 등등 온갖 귀여운 자세가 다 나온다. 하지만 아이들 중 누구도 사진 찍자는 말을 입 밖에 낸 사람은 없었다. 센터는 그런 곳이다. 아무리 좋은 기억이라도 외부에 알리기는 싫은 곳.

"쌤, 저희 집 놀러 오실래요? 제가 밥 차려 드릴게요."

곧 퇴소한다는 세은이가 돌아가게 될 집으로 나를 초대했다.

"야야, 쌤 지방에 계셔. 못 가서, 못 가셔."

도연이가 세은이를 말렸다.

"아, 그렇네. 참, 쌤 사투리 쓰시죠. 부산이라 하셨나? 그래도 저희 동네 오실 일 있으면…."

"야, 안 된다니까. 쌤도 개인 사정이 있잖아. 이제 수업한대. 들어가자."

도연이가 재차 말리는 말에 세은이와 다른 아이들 모두 제자리에 가서 앉았다. 아이들의 얼굴을 가까이서 선명히 보고 나니, 아이들과 내 나이가 얼마 차이 나지 않는다는 사실을 실감했다. 아이들이 화면을 통해 내 얼굴을 보면서 나름대로 나이를 유추하곤 했겠지만, 나는 자식뻘, 혹은 그보다 더 어린아이들을 가르치는 중년의 선생님이 아니다. 아이들이 보통 14세에서 19세이니까 나와는 열 살 정도 차이 난다. 교회에서, 혹은 학교에서 그 정도 나이의 여자아이들은 나에게 언니라고 부른다. 나는 그 아이들에게 밥을 사 주고, 같이 포토부스(인생네컷 같은 곳)에서 사진을 찍고 SNS에 올리며 추억을 저장하고 자랑한다. 그러나 나와 센터 아이들이 아무리 친해졌다고 해도, 우리가 같이 사진을 찍거나 더더욱이나 그것을 SNS에 업로드하는 일은 없을 것이다.

인문학 수업 시간에는, 그리고 아이들의 글에는 다름 아닌 그들의 인생 이야기가 녹아들어 있다. 그래서 6개월간 매주 함께 책을 읽고 글을 쓰고 이야기 나누는 그 과정은 친해지기 충분한 시간이다. 태도가 불량한 아이들이 아니라, 수업에 진지하게 참여하고 심지어 자기 인생의 큰 고민에 대해 답을 얻고자 적극적으로 말하는 아이들은 더욱 그렇다. 이 경우에도 나와 아이들 간에 지켜야 할 선은 분명히 존재하고, 이 선은 관계의 진전을 가로막는 장애물처럼 보이지만 사실은 양쪽을 지켜 주는 안전 분리대이다. 그래서 나는 아이들을 위해 주는 것 이상으로 사적인 감정을 아이들에게 쏟지 않도록 각별히 유의한다. 인문학 선생에게 주어진 영역을 뛰어넘어 분수에도 맞지 않는 상담사 노릇을 한다거나 절친한 언니가 되어 주려 했다가는 인문학 수업은 당장에 망한다. 때로 안타깝지만, 반드시 지켜야 하는 원칙이다.

모두의 관심이 집중된 가운데, 오늘이 마지막 수업인 세은이의 발표로 수업이 시작됐다. 세은이는 100만 부 넘게 팔린 소설 《아몬드》(손원평, 다즐링)에 대한 자신의 감상을 다음과 같이 발표했다.

"다이아몬드랑 아몬드는 이름은 비슷하지만, 사람들의 선택은 정말 다를 것이다. 다이아몬드는 실질적으로 값어치가 있기 때문이다. 이 아이는 사람들의 감정을 잘 읽지 못하고, 자신의 감정 또한 읽지 못한다. 감정의 이름도 헷갈린다. 무서운 건 공포심을 모른다는 것이다. 두려움은 '생명 유지의 본능적인 방어기제'라 한다. 근데 이 아이는 그걸 몰라서 차가 자신에게 돌진해도 그대로 서 있는 멍청이라 한다. 일상생활에서 문제가 많이 생기곤 한다. 하지만 곤이라는 친구를 만나 성장하고 자란다. 마치 아몬드 속에 숨겨진 보물 다이아몬드라고 생각한다. 물론 나의 개인적인 생각이다.

여기서는 사랑과 영원을 여러 번 외치면 의미가 없어진다곤 한다. 나도 혼자 허공에 대고 사랑사랑 영원영원을 외쳐 보니 '이게 뭐지? 무엇을 뜻하는가' 하고 고민하게 된다. 알면서도 여

227

러 번 외쳤다는 이유로 의미가 없어지는 게 신기했다. 그리고 사람들은 사랑을 대수롭지 않게 내뱉는다고 한다. 생각해 보면 기분이 좋다거나 그냥 고맙다는 뜻으로 사랑해, 라는 말을 쓴다. 사랑해, 라는 말이 무슨 의미인가 싶기도 하다. 그리고 곤이가 불쌍해졌다. 곤이는 자신이 상처 받는 것보다, 자신이 남에게 상처 주는 걸 택한 것이다. 그리고 아무도 곤이를 들여다보지 않은 거다. 곤이는 사랑을 원했을 것이다."

언제나처럼 발표가 끝나면 짧게 박수를 치고, 돌아가면서 발표문에 대해 피드백했다. 오늘은 퇴소 이후 세은이의 삶을 응원, 축복하는 말들이 많았다. 하영이와 슬기는 아예 편지를 쓰듯이 그동안 세은이의 글을 보며 칭찬해 주고 싶었던 부분을 아낌없이 전했다. 나도 세은이의 마지막 글에 대해 입을 열었다.

"아몬드와 다이아몬드, 라임이 맞는 두 단어로 주인공의 성장을 드러내다니 세은이 정말 대단하다. 쌤도 감탄했어. 그리고 여기 있었던 6개월도 세은이한테 다이아몬드가 되길 진심으로 바라. 앞으로 세은이가 성장하는 밑거름이 될 수 있을 거라고 쌤은 믿어."

"감사합니다."

"세은이 글에서 이 얘기를 우리 좀 더 해 보자. 사랑사랑 영원영원. 《아몬드》의 작가는 왜 하필이면 사랑과 영원을 예시로 들었을까? 다른 단어도 많을 텐데. 하영이부터 슬기, 지우, 도연이 이렇게 차례대로 말해 보자."

"말로 표현하기 힘든 거라서요."

"인간은 다 원하고 한 번쯤 꿈꾸는 거라서요. 사랑도 받고 싶고, 영원하고 싶은데 그게 진짜인지는 아무도 모르면서 다들 바라요. 그래서 말하면 말할수록 뭔지 모르게 돼요."

"책 느낌으로 봤을 때, 배우기 힘든 감정이라 그런 것 같아요."

"저도요. 주인공이 배우려면 말로 해야 알 수 있는데 말할수록 모르게 된다니까 그게 뭔지 배우기 힘들어서요."

그렇다. 언어로 분명히 선을 긋는 것 이상으로, 마음으로 느껴야만 알 수 있는 감정이 있는 법이다. 그래서 《아몬드》의 주인공처럼 감정을 느끼지 못하는 사람이 아니더라도, 우리는 모두 매 순간 새로운 감정을 배우며 살아간다. 마음에 귀를 기울여 보면, 같은 이름을 붙여도 사실 다른 상황, 다른 사람들 사이에서 매번 조금씩 다른 감정이었음을 알 수 있다. 그래서 우리는 살아도 살아도 여전히 사람에게 실망하고, 이 세상은 익숙해질 만하면 저 멀리 낯설어진다. 마치 사랑사랑, 영원영원을 반복하면 할수록 모르게 되듯이.

하지만 경험이 헛되기만 한 것은 아니다. 어떤 형태로든 우리 안에 남아서 흔적을 남긴다. 아이들이 센터에서 겪은 경험과 인문학 수업은 어떤 방식으로든 아이들 인생에 남을 것이다. 나에게도 마찬가지다. 나는 뒷자리에 앉는 아이들 얼굴은 흐릿해도 수업마다 그들이 쓴 글들로 오늘의 상태와 그동안의 변화를 감지한다. 성장하고 있는 것이 보인다. 그건 나에게 굉장한 기쁨이고 즐거움이다. 그리고 아이들이 퇴소한 후에도 가끔 아이들을 생각한다. 그리고 가 본 적도, 아마 앞으로 갈 일 없을 그들의 집을 상상한다. 밥은 제대로 먹고 다닐까. 잠은 잘 잤을까. 다시 만나면 '돼지'라고 말하던 그날처럼, 너무 환하게 웃어서 같이 사진이라도 찍고 싶던 그 풍경처럼 잘 지내고 있을까.

모리 교수님에게
배운 한 가지

마르틴 하이데거(Martin Heidegger)는 저서《존재와 시간》(동서문화사)에서 "인간은 '죽음을 향한 존재'(Sein-zum-Tode)다"라고 했다. 이것은 시간이 흐르며 점점 죽음에 가까워진다는 의미보다는, 자신의 유한성과 죽음을 인식하는 것이 곧 삶의 가치를 인식하는 것이라는 의미를 담고 있다. 오늘 수업 시간에 읽은《모리와 함께한 화요일》(미치 앨봄, 살림문화사)의 모리 교수 역시 죽음을 앞두고도 그것을 부정하거나 회피하기보다는 죽음을 삶의 일부로 받아들이며 제자인 미치 앨봄에게 삶에 대한 여러 가르침을 준다.

아이들 세 명, 지우, 단비, 슬기는 둘의 진실한 관계성과 모리의 초연하면서도 친절한 태도에 대해 인상 깊었다고 글을 써 왔다.

우선 지우가 발표한 글은 다음과 같았다.

"꼭 동갑이어야지만 친구가 아니고 나이랑 상관없이 소중한 사람이면 친구라는 단어를 쓸 수 있구나 생각했다. 그리고 난 미치 앨봄과 모리 교수가 마음 한편으론 부러웠다. 서로서로 특별한 제자와 스승이었기 때문이다. 모리 교수는 참 대단하다. 자신이 죽어 간다는 걸 아는 시점에서도 시들시들 죽어 가는 게 아니라 자신의 죽음을 의미 있게 두면서 생명이 사그라드는 자신을 참을성 있게 연구하며 자신과 더불어 죽음을 배우는 게 멋있었다. 나였다면 아마 혼란에 빠졌을 것이다. 그리고 모리 교수가 미치 앨봄에게 알려 준 것 중에, '사랑을 나눠 주는 법과 사랑을 받아들이는 법을 배우는 게 인생에서 가장 중요하다'라는 말에 공감한다. 그리고 '당신에게도 진정으로 그리워할 만한 스승이 있는가?'라는 질문에 누군가가 내 이름을 말한다면 어떨까 하는 생각도 가져 봤다. 또 난 그런 스승을 찾고 싶다."

다음으로 단비가 발표를 시작했다.

"이 책은 한때 교수였던 사람이 16년이라는 시간이 지나고 나서 친구가 될 수 있다는 사실을 보여 준다. 화요일마다 만나 서로 점점 마음을 열다 결국 서로 모든 것을 터놓는 진짜 스승과

제자가 된 것 같다. 나이 차이가 많든 적든 친구이자 스승이 될 수 있다는 게 감동적이다. 나도 누군가의 스승이 될 수 있을까 생각해 보게 됐다. 그리고 모리 교수라는 사람은 타인을 위해 자신을 희생하고 남을 잘 이해해 주는 사람이라는 것을 느꼈다."

슬기는 이렇게 썼다. "기억에 남는 문장은 이거다. '사람들은 종종 저에게 물어봅니다. 모리 교수님에 대해서 가장 그리운 것이 무엇이냐고 말이지요. 저는 인간의 본성에 대한 그의 신념을 그리워합니다. 삶을 고귀하게 바라보던 그의 두 눈을 그리워합니다. 그리고 그의 웃음을 그리워합니다. 진심으로 말입니다.' 이 문장은 내 마음을 슬프게 했다. 그 사람을 그리워하는 게 아닌 그에게서 나오는 것을 사랑하는 게 마음에 와닿았다. 모리 교수는 자신을 불편하다고 표현하였다. 불편과 불행은 다른 의미이며 그가 삶을 사랑한다고 말하는 것과 나는 같다고 생각한다. 나도 내 삶을 사랑하고 누군가에게 조언을 주고 싶다. '모든 것을 우연이라 믿기에 이 우주는 너무 조화롭고 웅장하고 압도적이라는 것.' 나도 이 말에 동의한다. 자신을 갉아먹는 병에서도 남에게 지혜를 주는 모리 교수를 존경하게 되었다."

모든 발표가 끝나고, 어떻게 모리 교수가 죽음 앞에서도 그렇게 성숙한 모습을 보일 수 있을지 이야기가 이어졌다.

그때 슬기가 이런 말을 했다.

"저는 죽음에 대해 생각하는 게 좋아요. 오히려 그런 생각 없이 막 즐겁게 사는 사람들을 보면 어리석다는 생각이 들어요."

고은이가 슬기의 말을 듣더니 대답했다.

"그럼 이 책에 나온 것처럼 열심히 잘 살 수 있겠네?"

"아니."

"왜? 죽는다는 걸 생각했으면 잘 살 수 있는 거 아니야?"

"다는 모르겠지만 나 같은 경우는 슬플 때 그래. 우울한 기분
이 들면 자신감이 없어지고 방 밖으로 나가는 게 무서워져."

"나도 그렇긴 해."

삶에 내재된 죽음을 받아들이면, 훨씬 본질적인 인생을 살아
야할진대, 왜 누군가는 모리처럼 친절하고 지혜로운 사람이 되
고, 누군가는 우울함과 절망감에 빠져 좌절을 곱씹는가. 나는
아이들과 이 이야기를 조금 더 해 보기로 했다.

"무기력해지는 원인이 우울감이라면, 우리는 언제 우울해지
는지 이야기해 보자. 왼쪽부터 차례대로 가면서 시작해 볼까?"

"저는 주변을 안 돌아봤을 때요. 주변을 보면 힘들 때 지탱해
줄 사람은 항상 있어요. 근데 오히려 나 슬픈 것만 생각하다 보
면 더 못 벗어나요."

"비슷하긴 한데 제 생각에는 주변에 있는 사람들이 다 뒤돌아
서 떠나갈 때요. 곁에 아무도 없으면 나 혼자만으로는 할 수 없
는 일들이 많이 있어서 좌절할 수밖에 없어요."

"저는 진짜 힘들 때는 화도 안 나요. 그냥 아무 생각이 없는

것 같아요."

"살 쪘을 때요. 만사 다 우울해져요."

다음으로는, 그 우울함에서 벗어나서 다시 살아가려고 할 때 각자 무얼 하는지 이야기해 보도록 했다.

"좋아하는 것들을 생각하려고 해요. 행복했던 순간, 기억들요."

"저는 그냥 참거나 아니면 그냥 아무 생각이나 해요. 참으려고 일부러 딴생각하는 느낌이요. 집 밖에 나가거나 기분 전환을 하려고 해요. 홧김에 머리를 자르거나 붙이거나 염색하거나, 맛있는 걸 먹거나 혼자 카페 가서 조용히 있다가 오거나 뭐 그런 거요."

"부모님한테 상담하거나 산책하거나 노래를 들어요. 진짜 제 편이 되어 줄 사람은 부모님이고, 저 혼자 생각을 정리하는 것에는 산책이랑 노래가 좋은 것 같아요."

"집에 처박혀서 아무것도 안 하고 밥도 안 먹고 누워만 있었어요. 그때 생각하면 매일같이 울었어요. 그냥 누워서 누가 말 걸어도 들은 체 만 체하고 친구들 연락도 안 보고 진짜 하루 종일 누워만 있었어요. 일주일 동안 계속 잠만 자고요."

이번에는 아이들에게, 가장 우울했던 그때의 나를 일으키기 위해 한마디 해 줄 수 있다면 어떤 말을 해 주고 싶은지 적어 보자고 했다. 마치 모리 교수가 내 곁에 있다면 해 줄 것 같은 말을, 과거의 나 자신에게 스스로 해 보자는 의미로. 아이들은 이번에도 잠시 적을 시간을 가진 후에 차례대로 발표했다.

"그럴 수 있어. 힘들어하지 마. 괜찮으니까, 걱정하지 말고, 부담 안 가져도 돼. 너 자신을 믿어. 넌 잘할 수 있어."

"남 탓하고 외로워하기 전에 자신의 잘못을 먼저 깨닫고 되돌아 봐. 자기 인생에 책임을 져야지. 책임지다 보면 우울해할 틈이 없을 거야.

"일단 일어나자. 누워만 있으면 몸도 같이 아파지니까 일단 일어나서 씻고 편의점이라도 나갔다 오자."

"숨어 있지 말라고 말하고 싶습니다. 비겁하게 숨어 있는다고 바뀌는 일은 없으니까요."

하이데거는 또 다른 말도 했다. 신념이란, 존재의 방식과 연결된 확신이다. 인간 존재(현존재, Dasein)는 세계와 관계 맺는 방식 속에서 신념을 형성하고, 신념은 인간이 세계를 살아가는 태도와 밀접한 관련이 있다고. 죽음은 무슨 수를 써도 추월할 수 없는 극단적인 일이기 때문에 그것 앞에서는 기존의 모든 것을 새롭게 하여 자기 가능성을 '결단'할 수 있다는 것이다. 즉 죽음이 내 삶에 내재되어 있다는 것을 알았으면 우울해하고 슬퍼할 것이 아니라 새로운 결단으로 나아가야만 실제로 변화가 일어날 수 있다.

그 결단은 신념이라는 이름으로 삶의 기준이자 이정표가 되어 준다. 자기 잘못에 책임을 지고, 더 이상 숨어 있지 않고 일어나서 내 삶을 살아가게 하는 든든한 조력자이자, 죽음 앞에서도 자기 자신이 누구인지 잃지 않고 타인에게 친절할 수 있는 여유를 준다. 신념을 한자로 풀이하면 믿을 신(信), 생각할 염(念)이다. 흔들리지 않는 강한 믿음은 죽음 앞에서도, 삶 앞에서도 평등할 수 있는 자신감이 된다. 아이들이 정서적으로 불안정하고 힘들 때, 변하지 않는 한 가지 믿음을 가지고 다시 일어설 수 있는 깊은 뿌리를 가지길 바라며 수업을 마무리했다.

재판을
참관하며

그 아이들이 어떤 경로로 여기까지 왔을까, 눈으로 보고 싶었다. 〈소년 심판〉이라는 드라마를 봤으나 그것으론 부족했다. 센터에 들어와서 있는 그 모습 말고, 재판받던, 아직 그 아이들이 살던 세상이 몸에서 떠나지 않았던 그때의 모습을 보고 싶었다. 센터에서는 다들 널널한 트레이닝복에 흰색, 검정색, 회색, 남색 옷을 입고 있다. 하지만 내가 들은 아이들의 센터 이전 모습은 노랑머리를 기본으로 한 형형색색의 머리카락, 두꺼운 아이라인, 올리브영에서 사거나 샘플을 이용한 짙은 화장이다. 그 사이의 어떤 공간, 그리고 앞으로 아이들의 거취가 결정되는 곳. 그리고 아이들이 무서워하는 곳. 그곳에서 너희들은 어떤 얼굴을 하고 있니. 어두운 곳에서 화장하고 춤추다가, 혹은 골목길에서 서성거리다가, 가차 없이 눈을 부릅뜬 재판정의 하얀 형광등 불빛 아래서.

판사님께 연락을 드렸고, 재판 참관에 허락을 받았다. 참관하기로 한 날 아침, 검은색 상하의를 입고 세수를 하며 생각했다. 그리고 내가 잘 감당할 수 있기를 기도했다. 인문학 수업에서 아이들은 마치 자신의 과거와 죄목을 가린 익명의 인물처럼 앉아 있다. 나와 아이들은 서로 '책'과 '인문학'만을 사이에 두고 있는 것이다. 실제로 수업 시간 중에 중요한 것은 진심과 솔직한 생각뿐이다. 어떤 삶을 살아왔든 간에 그걸로 착한 사람인지 나쁜 사람인지 판단하는 시간이 아니고, 어떤 잘못을 저질렀어도 그것은 '이야기'가 된다. 그래서 내가 은연중에 회피하고 있었을지도 모를, 그 아이들의 현실을 마주하러 간다.

도착하고 나니, 부산 지역 한 센터의 센터장님이 와 계셨다. 센터장님이 재판정의 분위기와 절차를 간단히 소개해 주셨다. 전광판에는 그날 오전의 재판 일정이 쭈욱 나와 있었다. 아이들의 이름은 드러나 있지 않았고 죄목이 적혀 있었다. 죄목부터 어질했다. 아래는 그중 몇 가지를 정리해 본 것이다.

무전취식(술이랑 밥을 먹고 도망)(여)

공연음란죄(엘리베이터에서 자위)(남)

성추행(여자애 촬영)(남)

절도(올리브영에서 화장품 훔침)(여)

복지관에서 여덟 살 아이를 패고 성기 쪽을 짓밟음(남)

출석 일수 부족(여)

가장 먼저 눈에 들어온 것은 일단 남자와 여자의 차이였다. 나는 여자아이들을 대상으로만 수업하기 때문에, 성과 관련된 범죄라 하더라도 그 양상이 지금 내 눈앞에 있는 남자아이들의 그것과는 상이하다.

게다가 내가 보게 될 재판에서는, 아이들의 실제 목소리와 눈빛이 수업과 달리 동영상으로 재생되지 않는다. 고요한 재판정의 분위기와 경찰(일부는 군 복무를 대체하는 의무경찰이라고 센터장님이 말씀해 주셨다. 복장으로 구분할 수 있다)들의 눈앞에서 그들은 적당히 말하고 적당히 행동할 것이다. 나는 이곳에서 재판을 보는 동안, 아이들이 저런 일을 저지르는 '이유'보다는, 어떤 표정과 말투인지 그 모습을 관찰하기로 했다. 가정 내 돌봄이 부족해서 범죄로 몰린 경우도 있을 것이고, 그냥 본인들의 마음속에 미움과 증오가 가득했을 수도 있지만 일단 섣부른 이해나 판단은 보류하기로 했다. 다만 그 아이들에 대해 더 잘 알아야 내 수업에도 실질적인 힘이 생길 것이다. 현실은 모른 체하고 고상하고 이상적인 이야기만 해서는 한계가 있으니까.

재판이 시작되고, 순서대로 아이들이 나와서 피고석에 섰다. 아까 밖에서 보았던, 교복을 입고 부모님과 함께 온 아이도 있었고, 모센터에서 어제저녁에 도망갔다가 오늘 아침에 재판받으러 온 아이들은 검은색 속옷이 다 비치는 얇은 흰색 상의에 몸이 드러나는 딱 붙는 옷을 입고 있었다. 머리카락은 부스스했다.

센터장님이 말씀하시기를, 여기서 10호 처분과 같이 아이들을 따로 데려가는 판정이 내려지는 경우, 부모님과 아이들은 그 자리에서 바로 떨어지게 된다고 했다. 재판정에 들어올 때는 무조건 보호자가 한 명 이상 대동하기에 아이들은 그나마 믿는 구석이라도 있겠지만, 판결이 내려짐과 동시에 경찰들의 손에 어디론가 끌려가는 것은 아이들에게 공포스러운 일이기도 하다고 말씀해 주셨다.

참고로 10호 처분은 1~10호 중 가장 엄중한 조치로, 최장 2년 동안 소년원에 송치된다. 9호는 그것보다 짧은 6개월 이내이고 8호는 1개월 이내이다. 보호처분 7호는 요양소, 병원 또는 소년의료보호시설에 위탁한다는 것으로 기간은 6개월을 기본으로 하되 6개월 연장 가능하다. 보호처분 6호는 아동복지법에 따른 아동복지시설이나 그 밖의 소년보호시설에 감호 위탁하는 것이고 기간은 앞과 동일하다. 보호처분 5호와 4호는 보호관찰관의 보호관찰을 받는 처분으로 5호는 2년에 1년 연장 가능, 4호는 1년이다. 3호는 200시간 이내의 사회봉사명령이고 2호는 수강명령의 형식으로 시간은 100시간 이내로 부과받는다. 마지막으로 1호는 '보호자 또는 보호자를 대신하여 소년을 보호할 수 있는 자에게 감호 위탁(보호자 및 자원보호자 처분 가능)'한다는 것으로, 기간은 6개월이며 6개월에 한하여 기간 연장이 가능하다. 해당 연령은 10세 이상이다. 바로 1호 처분을 받은 소년들이 내가 인문학 수업을 하는 '청소년회복지원시설'에 오는 것이다.

판사님의 말투는, 사실 상상했던 것과는 많이 달랐다. 엄숙하고 형식적이기만 할 줄 알았는데 완전히 달랐다. 마치 학부모 상담 같고, 담임 선생님의 생활 지도 같기도 했다. 판사님이 아이들의 이름을 부르고, 반말로 아이들의 행실을 지적하고 혼을 낸다. 때로는 엄하게, 때로는 다정하게 타이르면서. 판사님의 태도에 깊은 감명을 받았다. 차디찬 형광등 불빛과 다르게 뜨거웠고, 그래서 따뜻했다. 잘못했다고 우는 아이들(센터에서 몰래 도망가서 모텔에 있다가 돈 떨어져서 둘 중 한 명의 아버지에게 연락했고 그래서 아버지 차 타고 오늘 아침에 바로 재판받으러 왔다)도 있었다. 반성문을 쓰라는 판결도 있었는데 이걸 들으며 나는 판사님의 판결이 '법'이라는 이미 짜인 알고리즘에 아이들을 넣고 결론을 마구 뽑아내는 것이 아니라 한 명 한 명을 보고 그에 필요한 처방을 내리는 치유자의 역할을 하고 있다는 생각이 들었다. 오히려 차가웠으면 차갑다고 할 수 있던 것은 부모님의 태도였다.

부모님들은 때로 죄인처럼 아주 송구하다는 말을 판사님께 드렸고, 두 손을 모으고 서서 머리를 조아렸고, 그럴 때 판사님은 부모님들께 편하게 앉아 계시라고 했다. 어떤 경우에는 아이에 대해 지나치게 걱정할 필요 없으니 몇 가지만 신경 써 달라고 말씀하시기도 했다. 그러나 무전취식한 여자아이의 경우, 보호자로 대동한 어머니는 아이에 대한 친부의 지속적인 학대 및 방임에도 불구하고 그 둘만 놔두고 외출한다고 했다. 저녁에 출근해야 해서 저녁 식사를 챙겨 줄 형편이 안 되어 아버지께 맡겼으며, 이제는 학대가 멈추었다고 했다. 그러나 지금도 여전히 밥을 챙겨 주지는 않는 상태였다. 어머니는 판사님께, 아이가 아주 못되고 버르장머리 없어서 자기 아빠한테도 마구 대들고 밖에서도 나쁜 짓만 일삼는다고 냉정한 태도로 아이를 판단하며 말씀하셨다. 판사님이 결국 어머니께 한마디 하셨다.

"어머니 아이잖아요. ○○이가 저렇게 된 것에 어머니도 책임이 있으십니다. 그렇게 남 얘기하듯 말하시면 안 됩니다."

돈이 없고 밥을 주는 사람도 없어 무전취식했던 아이의 부스스하고 꾀죄죄한 모습과 다르게 정작 어머니는 화려한 머리 장식에 목걸이, 귀걸이, 팔찌를 몇 개씩이나 주렁주렁 매달고 계셨다. 씁쓸해지는 광경이었다.

출석 일수가 모자라서 재판을 받으러 온 아이는 아르바이트를 한다고 했다. 커피 전문점에서 일하는데 절대 그만둘 수가 없다고 했다. 판사님은 아이가 중학교는 졸업해야 한다며 아르바이트를 그만두거나 시간을 줄이는 등 해결 방안이 있겠냐며 어머니께 물으셨다. 돌아온 대답은 어머니 본인도 잘 모르겠다며, 돈 때문에 아이가 알바를 멈추면 안 된다는 말뿐이었다.

그걸 보며 나는 내 중학교 시절이 떠올랐다. 2학년이었던 당시, 나는 담임 선생님의 지시로 출석부를 관리했다. 조회 시간에 오지 않은 아이를 표시해 두었다가 끝까지 오지 않으면 결석, 학교에 오면 지각으로 처리하는 일이었다. 당시 우리 반에는 학교에 오는 날보다 오지 않는 날이 더 많은 애가 있었는데, 어느 날 담임 선생님은 나에게 그 애를 그냥 출석 처리하라고 말씀하셨다. 그 애가 나중에 검정고시라도 칠 일은 없을 테니 이번에 유급되다 보면 영영 초졸 학력이라고 덧붙이셨다. 나는 그래서 그 친구만 편의를 받는다는 눈총을 받지 않도록 졸업 미달 일수를 미리 알아보고 그것보다 조금 덜하게 결석 일수를 표시했다. 혹시 누가 펼쳐 봤더라도 티가 덜 나도록 결석과 지각을 적절히 섞은 것은 덤이다. 그리고 그 친구는 무사히 3학년으로 진급했고, 함께 졸업했다. 아마 그 애에게 무슨 피치 못할 사정이 있었기에 담임 선생님이 그런 배려를 해 주셨을 것이다. 오늘 재판에 선 아이들에게 판사님도 의미 있는 어른으로 기억되리라.

'인문학'은 사람의 자취를 좇는 영역이다. 말과 글을 통해 표현되고 전달되지만 정작 중요한 것은 그것에 담긴 실제 경험이고, 더 나아가자면 몸의 감각이다. 생각과 감정, 기억은 실제 삶과 상호 영향을 끼치며 인격을 형성한다. 어느 한쪽도 간과해서는 제대로 된 인문학 수업이라 할 수 없을 것이다. 그런 의미에서 재판 참관은 나와 아이들을 매개하면서도 사이를 가로막고 있던 화면을 뚫고 아이들의 실제 삶에 한 걸음 더 다가가는 미약하지만 확실한 계기가 되었다. 여기서 멈추지 않고 내 손이 닿는 범위 내에서 그들의 삶에 대한 실제적인 파악을 지속하고 싶다고 생각하며 재판정을 나섰다.

인문학의 쓸모

"이 궁핍한 시대에 시인은 무엇을 위하여 사는가?"

독일의 낭만 시인 프리드리히 휠덜린(Friedrich Hölderlin)의 시 〈빵과 술〉(1801년)의 한 구절이다. 이 말은 센터 아이들과의 인문학 수업에도 정확히 맞아떨어진다. 아이들에게 직업 교육, 기술 교육을 해서 사회에 나가서도 건실하게 돈을 벌 수 있는 수단을 마련해 주는 것이 아니라, 먹고사는 데 아무런 도움도 되지 않아 보이는 책 읽고 글쓰는 수업이 대체 무슨 소용이란 말인가. 내가 하는 일을 아는 한 지인에게는 다음과 같은 말을 들은 적 있다.

"걔네들이 그런 책 읽으면 좋은 줄은 아는가? 대학 나온 사람들도 인문학 전공이 아니면 책에 흥미가 없는데, 요즘처럼 쇼츠와 릴스가 애들 뇌를 절이고 있는 시대에 공부 한번 제대로 안 해 본 애들한테 인문학 수업하는 게 효과가 있긴 한가 싶다."

그 질문은 인문학의 존재 이유에 대한 물음이기도 하다. 하루하루 먹고살기 급급한 것은 우리 모두의 과제 아니었던가. 옛날에 쓰인 현인들의 말이나 흰 종이에 프린트된 검정 글씨는 오르내리는 주식을 반영하지도, 지금 당장 내야 할 공과금을 해결해 주지도 않는다. 읽는 데도 오래 걸리는 시나 소설을 도대체 왜 읽으며, 뜬구름 같은 철학적인 질문은 왜 주고받는가. 나는 이 질문에 이렇게 답하고 싶다. 인문학은 먹고사는 데 도움이 안 되지만 먹고사는 이유를 알려 준다. 사는 게 이렇게도 힘든데, 정말 힘들어 죽겠는데, 나는 왜 태어났는가, 그리고 내 인생은 어디로 가고 있는가, 잡힐 듯 잡히지 않는 행복은 존재하긴 하는 것인가. 이 모든 고민과 고통에 대한 답을 스스로 고민하고 써 내려 가게 한다. 그렇기에 아이러니하게도 궁핍한 시대일수록 인문학이 쓸모를 발한다.

'공부 한번 제대로 해 보지 않은' 아이들이 책을 읽고 글 쓰는 것이 과연 어떤 효과가 있냐는 말에는 '효과가 없을 것'이라는 회의가 깔려 있다. 그러나 아이들을 직접 마주하고 그들과 수업을 이끌어 가는 나는 확실히 '효과가 있다'라고 말할 수 있다.

아이들은 자신의 이야기를 글로 쓰고 표현하면서 스스로 치유한다. 강제나 통제로는 결코 이룰 수 없는 내면의 진실한 성장이 가능하다는 것이다. 나는 그 이야기를 잘 듣고, 함께 대화를 나누며 친해지고 소통한다. 내 역할은 말하기보다는 듣기에 있다. 그렇게 철저하고 온전하게 귀를 기울일 때, 나와 아이들 사이에는 어떤 사회적 입장도, 이해관계도 사라진다. 하나님이 지으시고 또 언젠가 죽음을 맞이할 한 명의 '인간'일 뿐이다. 사회는 사람을 계급으로 나누고 그에 따라 특권을 부여하거나 박탈하지만, 한 명의 인간이 태어나서 자기 삶을 깊이 탐구하고 가치관을 세우고 이야기할 권리는 누구도 빼앗을 수 없다. 그동안 받아야 했을 돌봄을 받지 못하고 길거리에서 살아온 아이들에게 철저한 듣기와 질문을 통해 그 권리를 되돌려주면, 아이들은 잃어버렸던 인간성을 자연스럽게 되찾는다.

여기서 끝이 아니라, 자기가 저지른 잘못을 되돌아보고 변화를 다짐하는 계기가 되기도 한다. 어린 나이에 범죄를 저지른 아이들은 법을 지키지 않는 생활 양식이 아주 익숙하다. 그들은 가해자인 동시에 피해자이고, 처음 그들을 돌보지 않고 망가뜨린 건 주위 어른들이다. 가정폭력, 성폭력, 착취와 성매매에 노출된 아이들은 도대체 '왜' 바르게 살아야 하는지, '어떻게' 사는 것이 진실로 잘 사는지 제대로 배우지 못했다. 어른과 세상에 계속 이용당하다 보니, 살아남기 위해 살아왔던 이들이다. 그들을 교화시키겠다고 교과서에 적혀 있을 법한, 옳지만 상투적인 말들을 길게 늘어뜨리거나 훈계해 봤자 귀를 열지 않는다. 임기응변에 도가 트인 아이들이다. 그 순간을 모면하려고 어른들이 좋아할 만한 거짓말을 하거나 억지 반성문을 쓰는 것 이상의 결과를 기대할 수 없다.

그러나 책을 읽고 '자유롭게' 자기 생각을 적어서 그것을 여러 사람 앞에서 소리 내어 읽고, 내용과 상관없이 매번 박수를 받고, 긍정적인 피드백을 들으며 아이들은 마침내 자신의 진솔한 내면을 바라볼 수 있었다. 언제나 대상으로 존재했던 아이들에게 주체성이 부여되고 목소리가 생겼기에 비로소 가능한 일이다. 나와 아이들이 한 명의 인간으로서 하나님과 죽음 앞에서 평등한 만큼 아이들은 성장했다. 아이들은 인생과 세상에 대해 질문하고 스스로 답하면서 자신이 피해자로서 받은 상처와 가해자로서 저지른 잘못을 돌아봤다. 그리고 상처를 증오와 복수심으로 되갚지 않고 치유하는 법, 새롭게 살아가는 법을 조금씩 배워 나갔다. 인문학 수업은 섬김과 돌봄을 실천하며 사람을 어루만지고 성장시키는 데 분명히 효과가 있다.

그 예시로, '내가 진정으로 원하는 삶은 어떤 모습인가'에 대해 아이들과 이야기해 본 적이 있다. 아이들은 각각 이런 대답을 내놓았다.

"사랑하는 사람들 곁에 둘러싸여서 평온한 일상을 보내고 싶어요."

"죽을 때 돼서 후회하지 않도록 책임감 있게 사는 거요."

"인생이 뭐다, 하고 내 입으로 말할 수 있었으면 좋겠어요. 서양 사람들 보면 묘비에다가 말을 적던데요."

"슬프지 않은 인생이요."

만약 같은 질문을, 맥락도 없이 대뜸 물어보았다면 아이들은 '저게 뭔 소리인가' 싶어서 위와 같은 이야기는 할 수 없었을지도 모른다. 그러나 사람이 태어나고, 아파하고, 갈등을 해결하고, 사랑하고, 죽음을 맞이하는 문학 속 이야기를 읽고 거기에 빗대어 자신의 삶을 생각하다 보면 본래 자신의 한계를 넘어서는 대답이 나오기 마련이다. 만일 이 말이 작위적으로 느껴진다면, 훨씬 직접적인 질문에 대한 답을 보면 알 수 있다.

'퇴소하면 가장 먼저 하고 싶은 것 세 가지'에 대해 아이들이 한 대답이다.

"엄마가 퇴소하면 맛있는 거 해 준다고 했어요. 오랜만에 엄마 보고, 엄마가 해 준 음식 먹고요, 같이 여행도 가고요, 편하게 자고 싶어요."

"넷플릭스 보면서 과자 먹을 거예요. 에어컨 틀어 놓고요. 그리고 우리 집 강아지랑 산책하는 거요. 본 지 오래됐어요."

"사이 안 좋았는데 여기 들어오고 나서 아빠가 면회 와 줘서 좀 사이가 좋아졌어요. 아빠랑 밥 먹을 거예요. 그리고 예쁜 옷

입는 거 하고요, 올리브영 가서 화장품 살 거예요."

"욕조에서 목욕하기요. 따뜻하게 물 받아 놓고 좀 담그고 싶고요, 하루 종일 잘 거고요, 다음 날 일어나서 예쁜 옷 입고 화장하고 좋아하는 사람 만나러 갈래요."

아이들의 일상에 와닿는 대답이다. 그리고 각자가 '진정으로 원하는 삶'을 살아가기 위해서 퇴소한 직후에 가장 먼저 할 일이기도 하다. 인생의 방향을 정하고 한 걸음 나아가려고 시도했다는 것. 누군가가 주입한 대답을 읊은 것이 아니라 자기 인생에 대해 자기 입으로 말했다는 것이 중요하다.

변화한 것은 아이들뿐이 아니다. 수업 전과 후로 나도 많이 바뀌었다. 아이들에게 좋은 말을 해 주려고 일주일 내내 이야깃거리를 찾다 보니 모르는 새에 긍정적인 사람이 되었다. 아이들의 글에서 좋은 변화의 조짐이 움트려 할 때마다 나는 그것을 누구보다 먼저 발견했다. 그것을 아이에게 콕 집어 칭찬해 주면, 다음 주에 아이는 그 변화의 싹을 틔워 왔다. 실낱같은 희망이지만 그것을 진심으로 믿고 그것을 좇아가면 어느새 희망도 나를 좇아, 내 곁에 온다는 것을 처음으로 직접 경험했다.

이 책을 읽은 여러분께도 그 희망이 전달되었으면 좋겠다. 먹고살기 위해 고된 하루를 보내고 지친 몸을 누인 어느 새벽에, 문득 외로움이 몰려오더라도 먹고사는 이유를 잃어버리지 않을 근거가 되었으면 좋겠다. 노력해 봤자 '아무런 효과도 없을'

것만 같은 상황에 부닥쳤을 때, 그렇지 않다고, '효과가 분명히 있다'고, 이 책을 통해 용기를 얻으면 좋겠다. 그리고 당신을 괴롭히던 과거의 상처를 돌보며 괜찮아, 괜찮아, 말하며 새롭게 나아갈 힘이 되길, 온 세상이 등을 돌리고 아무런 기대도 할 수 없는 절망 속에서도 희망을 발견하길 손 모아 기도합니다.

온 세상이 등을 돌리고
아무런 기대도 할 수 없는
절망 속에서도
희망을 발견하길

인문학 쌤의 수업 노트

책으로 아이와 소통하기를 꿈꾸는 당신에게

> 책으로 아이들과 소통하고 싶은 분들이 많습니다. 제게도 종종 수업을 어떻게 진행하는지 물어보곤 합니다. 짧게 제 수업 노트를 나누겠습니다.

희망의 인문학 수업은 크게 6단계로 구성됩니다.

책 선정 ➡ 아이들의 책 읽기와 글쓰기 ➡ 아이들의 글 낭독

다 함께 박수 ➡ 돌아가며 피드백 하기 ➡ 마무리

◇ 수업은 한 시간 동안 진행됩니다.

◇ 독서하고 글을 쓰는 시간은 유동적으로 정해도 좋습니다.
제 경우 아이들이 책을 읽고 글을 쓰는 과정은 센터 선생님
들과 함께합니다.

책 선정

◇ 어떤 책이든 좋습니다. 다만, 선정할 때는 아이들에게 살짝 쉬운 책으로 고르는 게 좋습니다.

◇ 욕심내어 어려운 책을 읽힌다고 해서 아이들이 많이 깨닫진 않습니다. 책이 술술 읽혀야 책장 넘기는 데 흥이 나고, 무슨 말인지 눈에 쏙쏙 박혀야 글을 길게 씁니다.

◇ 쉬운 책이더라도 좋았던 부분과 아쉬웠던 부분이 머릿속에서 잘 정리되면 아이들도 할 말이 많아집니다.

◇ 쉬운 책부터 시작하면 어느새 사고력과 독해력이 쑥쑥 자라서 조금 더 어려운 책도 스스로 읽고 싶어 할 겁니다. 이미 책 읽는 재미를 알아 버렸으니까요.

수업 전 준비

◇ 수업 시작 전 아이들이 쓴 글과 책의 내용을 미리 읽고 종합해서 수업의 전체적인 틀을 구상합니다. 이때 책의 주제를 중심으로 구상하면 좋습니다.

◇ 함께 나눌 몇 가지 질문을 미리 만들어 놓습니다. 아이들이 책을 잘 이해하고 또 자기 삶에 적용할 수 있도록 돕는 질문을 추천합니다.

◇ 수업 중간에 1-3분 정도의 시간 동안 질문에 대해 간단히 고민하게 한 후 발표하는 시간을 가지면 수업이 지루하지 않고 아이들의 집중력도 높아집니다.

◇ 한 시간을 꽉 채우려고 하지 않아도 됩니다. 수업 도중 아이들이 하는 말들 속에서 무궁무진한 이야깃거리를 찾을 수 있으니까요. 꼬리에 꼬리를 물듯 질문하면 아이들이 저마다 자기 생각을 대답하고 그렇게 소통하는 수업을 만들 수 있을 겁니다.

수업 시작 ①   다 함께 박수

◇　소리 내어 독후감을 읽은 다음에는 꼭 다 같이 박수를 치도록 합니다.

◇　박수에는 환영, 칭찬, 격려 등 많은 의미가 들어 있습니다. 아이가 써 온 글에 대해 자세히 코멘트하기 전에, 책을 읽고 글을 쓴다는 행동을 잘 해낸 아이에게 보내는 찬사이기도 합니다.

◇　형식적일지라도 상관없습니다. 때로는 백 마디의 말보다, 아이의 낭독이 끝난 직후 함께 치는 박수가 긍정적인 메시지를 전달할 겁니다.

수업 시작 ②   선생님의 피드백

◇ 박수 후, 아이들이 서로 돌아가며 피드백 하기 전에 선생님이 먼저 코멘트를 합니다.

◇ 선생님이 피드백으로 먼저 어느 정도의 방향성을 제시하면, 아이들은 그것에 대해 비판하거나 혹은 질문하면서 더 생각을 발전시킬 수 있습니다.

◇ 코멘트를 할 때는, 콕 집어서 구체적으로 칭찬합니다.

◇ 한 명, 한 명의 경과를 살펴보다가 나아진 측면을 언급해 주어도 좋습니다. 그러려면 아이들을 꼼꼼히 관찰해야겠지요?

◇ 무엇을 칭찬해야 할지 애매할 때는 아래의 것들을 칭찬해도 좋습니다.
　- 아이들의 글씨체, 글의 분량, 낭독하는 아이의 목소리, 글 속에서 드러나는 아이만의 솔직한 생각, 의외성이 있는 단어나 문장. 모두 다 개성이 녹아들어 있는 요소입니다.

◇ 아이들 본인도 모르던 장점을 선생님이 발굴해 주면 아이들은 다음 주에 그 장점을 계발시켜 올 것입니다.

수업 닫기

◇ 수업을 닫을 때 오늘의 수업을 한 개(또는 두 개)의 키워드로 정리해 주면 좋습니다. 키워드는 한 시간의 수업이 휘발되지 않고 아이들의 기억에 심어 주는 역할을 합니다.

◇ 수업의 키워드는 수업이 절반 이상 진행되었을 때 미리 생각해 두시는 편이 좋습니다.

제일 중요한 것

◇ 마지막으로 아이들을 섬기는 기쁨을, 그들의 성장을 바라보는 감사함을, 하얀 종이 위에 검은 글씨로 펼쳐진 아이들의 세계를 통해 자유를 누리시길 바랍니다.

◇ 아이들을 가르치면서 '나'도 성장하고 때로는 내가 아이들한테 더 귀한 것들을 받는다는 사실을 어느 순간 느끼신다면, 수업은 더 이상 일이 아니게 되고 아이들과 함께하는 행복한 시간이 될 것입니다.